Mein wilder Garten

MICHA DUDEK

Mein wilder Garten

Wege zu Ökologie und Nachhaltigkeit

THORBECKE

Meinen Eltern, die mich von Anfang an gewähren ließen.

Für die Schwabenverlag AG ist Nachhaltigkeit ein wichtiger Maßstab ihres Handelns. Wir achten daher auf den Einsatz umweltschonender Ressourcen und Materialien. Dieses Buch wurde auf FSC®-zertifiziertem Papier gedruckt. FSC (Forest Stewardship Council®) ist eine nicht staatliche, gemeinnützige Organisation, die sich für eine ökologische und sozial verantwortliche Nutzung der Wälder unserer Erde einsetzt.

Bibliografische Information der Deutschen Nationalbibliothek
Die Deutsche Nationalbibliothek verzeichnet diese Publikation in der Deutschen Nationalbibliografie; detaillierte bibliografische Daten sind im Internet über http://dnb.d-nb.de abrufbar.

© 2011 by Jan Thorbecke Verlag der Schwabenverlag AG, Ostfildern
www.thorbecke.de · info@thorbecke.de

Alle Rechte vorbehalten. Ohne schriftliche Genehmigung des Verlages ist es nicht gestattet, das Werk unter Verwendung mechanischer, elektronischer und anderer Systeme in irgendeiner Weise zu verarbeiten und zu verbreiten. Insbesondere vorbehalten sind die Rechte der Vervielfältigung – auch von Teilen des Werkes – auf photomechanischem oder ähnlichem Wege, der tontechnischen Wiedergabe, des Vortrags, der Funk- und Fernsehsendung, der Speicherung in Datenverarbeitungsanlagen, der Übersetzung und der literarischen oder anderweitigen Bearbeitung.

Gestaltung: Finken & Bumiller, Stuttgart
Druck: Himmer AG, Augsburg
Hergestellt in Deutschland
ISBN 978-3-7995-0880-3

INHALT

Einleitende Worte 6
Wege 12
Wiesen 28
Hecken 42
Trockenräume 60
Feuchträume 74
Nutzgartenbereich 88
Lebensräume – Lebensträume 100

Links und Literatur 110
Danksagung 111
Bildnachweis 112
Textnachweis 112

EINLEITENDE WORTE

Und sie hörten Gott den HERRN, wie er im Garten ging, als der Tag kühl geworden war. Und Adam versteckte sich mit seinem Weibe vor dem Angesicht Gottes des HERRN unter den Bäumen im Garten. Und Gott der HERR rief Adam und sprach zu ihm: »Wo bist du?« …

1. Mose 3,8f.

Garten Eden

Der Garten Eden: Sinnbild des Urgartens, des Paradieses auf Erden – der Platz, an dem Gott den Menschen schuf nach seinem Abbild – Ort des Sündenfalls und der Vertreibung – Ort, an dem zuvor fast alle Tiere im Einklang miteinander lebten, aber auch der Ort, an dem sich der Mensch noch ohne planmäßige Arbeit zu ernähren wusste.
Eindeutig leitet sich die Bezeichnung »Garten« von »Gerte« her. Damit waren jene Ruten aus Weide oder Hasel gemeint, die anfänglich einmal den als Garten bewirtschafteten Bereich umfriedeten. Kein Garten ohne Zaun also. Er sollte wohl zunächst nur gegen Tiere in Wildform schützen, später dann auch gegen die eigenen Haustiere – und schließlich nur noch gegen den »bösen Nachbarn«.
Etwas komplizierter wird es schon, wenn man die Herkunft des Begriffes »Eden« zu erklären sucht. Synonym zum Paradies ist »Eden« in Verbindung mit dem Begriff »Garten« zum Sinnbild und Ursprung aller Gärten im Weltbild vieler Menschen geraten. Der Begriff »Eden« kann möglicherweise aus verschiedenen Regionalsprachen abgeleitet werden. Im Altiranischen kommt ihm ebenfalls die Bedeutung eines eingefriedeten Areals zu. Seine Größe scheint dabei nur eine untergeordnete Rolle zu spielen und kann als sehr variabel ausgelegt werden. Ein kleiner Garten kann damit ebenso gemeint sein wie ein komplettes Inselreich. Und darin scheint kein Widerspruch zu bestehen: Denn aus der Vogelperspektive nehmen sich selbst moderne Gärten wie eine bunte Insel im sonstigen Alltagsgrau des Städtischen aus – und seien sie noch so klein. Interessant wirkt auch die Bedeutung, die dem Begriff im Sumerischen beigemessen wird: Dort steht »Eden« für Steppe, also jenen Großlebensraum, der sich vor allem durch seine Gräser, ziehenden Wildtierherden und Gehölze in lockerer Folge auszeichnet. In der Wissenschaft überwiegt die Meinung, die Sesshaftigkeit des Menschen fiele mit dem Ende des Eiszeitalters zusammen. Zu diesem frühen Zeitpunkt der Menschheitsgeschichte – vor etwa 10.000 bis 12.000 Jahren – soll sich der Wechsel vom überwiegenden Jäger zum überwiegenden Sammler vollzogen haben. Damit verbunden ist die Annah-

Dinkel (*Triticum spelta*) – Frucht der Hände Arbeit

me, dass der Mensch zum Umdenken gezwungen war: Klimawandel und das Aussterben bis dorthin imposanter Tierherden ermöglichten und bedingten den Wechsel von der Lebensweise als nomadisierendem, unstetem Großwildjäger zum Acker- und Gartenbau sowie Viehzucht betreibenden dauerhaften Nesthocker.

Oft werden das Verlassen der artenreichen Steppe und der Einzug ins Kulturland mit dem Hinauswurf des Menschen aus dem Paradies gleichgesetzt. In beiden Fällen steht aber unzweifelhaft der Prozess der verloren gegangenen Unschuld Pate: Der Mensch beginnt fortan, Tiere und Pflanzen für seine Bedürfnisse zu züchten und dabei die natürliche Selektion auszuschalten. Und spätestens seit dem Biss in die Frucht der Erkenntnis weiß er, wie das geht.

Eine auffällige Deckungsgleichheit erweist sich bei näherer Betrachtung der nacheiszeitlichen Ereignisse zwischen Bibel und Wissenschaft. Die frühesten in Kultur genommenen Gräser, aus denen das Getreide entstand, findet man im Gebiet der heutigen Türkei – eben jenem Gebiet, in dem auch der Garten Eden gelegen haben soll, so er sich auf Erden befand und nicht im Himmel.

Die damaligen Steppen zeichneten sich bereits durch eine hohe sowohl tierische als auch pflanzliche Vielfalt aus, wie wir heute wissen. Die Mammutsteppe bestand nicht aus Tundra, sondern aus Gräsern, Kräutern und Zwergsträuchern. Besonders entlang der Flussläufe und Erosionsrinnen fanden sich Pflanzenarten, die der Mensch zu nutzen imstande war. Löwenzahn (*Taraxacum officinale*-Gruppe), Thymian (*Thymus*) und Salbei (*Salvia*) waren bereits vorhanden und ebenso Früchte tragende Gehölze wie Sanddorn (*Hippophaë rhamnoides*) und Schlehdorn (*Prunus spinosa*). Und die Zelte und festen Langhäuser der damaligen Bevölkerung dufteten sicher nicht selten nach gutem Tee und Kräutersud. Viele der Pflanzenarten, die in der eiszeitlichen Steppe beheimatet waren, werden wir im Laufe dieses Buches wiedertreffen. Dazu gehören beispielsweise der Gewöhnliche Beifuß (*Artemisia vulgaris*) und die Wegwarte (*Cichorium intybus*), die Wilde Karde (*Dipsacus fullonum*) und die Wilde Möhre (*Daucus carota*).

Wenn es heute ratsam ist, sich der alten Zeiten zu erinnern, so hat das nichts mit Hang zur Nostalgie zu tun und erst recht nicht mit dem Slogan: Zurück zur Natur! Es hat vielmehr damit zu tun, angesammeltes Wissen über lange Zeiträume zu nutzen und in die Zukunft zu tragen – also nachhaltig zu denken und zu handeln! Und wer möchte am Ende nicht wissen, woher er kommt und wohin er geht? Und das hat speziell beim mitteleuropäischen Menschen ganz viel mit Eiszeit zu tun.

Darwins Garten

Unweit Londons steht ein wunderbares Haus, ursprünglich um 1650 erbaut und erst 1778 in seine vorläufig endgültige Form gebracht. Seit 1929 wird das Gebäude als Museum genutzt. Das Haus ist umgeben von einem wunderschönen Park. Von 1842 bis 1882 lebte hier Charles Darwin (1809–1882), einer der »Väter der Evolutionstheorie«.

Es geht nun die Geschichte um, dass Darwin mit seiner Lieblingstochter Anne oft lange Spaziergänge

Hing die Vorstellung vom Verlassen des Paradieses tatsächlich mit dem Beginn der Sesshaftigkeit und Zucht von Kulturformen zusammen? Oder erwarb der Mensch erst durch die Domestikation von Tier- und Pflanzenarten größere Freiheit (jedoch zu einem hohen Preis)?

zu unternehmen pflegte, vorbei an den wunderbaren Gewächs- und Experimentierhäusern, durch seinen Garten, hinunter zum Sand- und Denkweg (seinem berühmten »Thinking Path«), den er 1846 anlegte. Hier entlang ging er oft auch allein und ließ sich von dessen Strukturen zum Nachdenken über die Evolution anregen.

Als Darwin wieder einmal mit der kleinen Anne über die Gartenwege ging, soll er ihr die Frage gestellt haben: »Weißt du eigentlich, warum in unserem Garten so wenig Roter Wiesenklee wächst?« »Nein«, wird wohl Anne geantwortet haben. Daraufhin bemühte sich Darwin wie jeder gute Vater, Anne die Zusammenhänge kindgerecht auseinanderzusetzen. Der entscheidende Unterschied zu den meisten anderen Vätern seiner und der heutigen Zeit aber bestand wohl darin, dass Darwin über Ökologie sprach. »Also«, begann er vermutlich, »das liegt hauptsächlich daran, dass wir einen so alten Hund haben ...«. Anne schaute ganz sicher fragend zu ihm auf. »Wenn unser Hund eine Katze wäre, hätten wir hier mehr Klee in der Umgebung. – Katzen essen bekanntlich Mäuse, auch Wühlmäuse. Und Wühlmäuse wiederum vergreifen sich an Hummelnestern. Wo aber wenige Hummeln fliegen, gelangt der Klee auch nicht zur Bestäubung und wird seltener. Der Wiesenklee ist aufgrund seines Blütenbaus als Schmetterlingsblütler auf den Besuch von langrüsseligen Insekten angewiesen, zu denen viele Hummeln zählen.« Jetzt hatte Darwin Annes ganze Aufmerksamkeit. »Hätten wir also eine Katze statt eines alten Hundes, der keine Mäuse fangen kann, hätten wir mehr Roten Wiesenklee in der Umgebung.« Mit diesen Worten schloss der fürsorgliche Vater seinen kleinen Vortrag.

Ökologische Abfolgen sind aber in der Regel nicht so einfach strukturiert und auch nicht so einfach zu erklären. Denn die Zusammenhänge zwischen Tieren und Pflanzen, Verzehren und Verzehrtwerden, Populationsanstieg und -fall verlaufen meist wesentlich undramatischer, zudem weiträumiger und langfristiger und daher schwerer zu begreifen, weil schwerer zu erleben.

Darwin hatte einen berühmten Zeitgenossen. In Deutschland lebte Ernst Haeckel (1834–1919), der weniger über seinen Namen im Gedächtnis blieb als über seine Wortschöpfung Unvergesslichkeit erlangte. Aus den griechischen Wortteilen »oikos« für »Haus« oder »Haushalt« und »logos« für »Lehre« setzte er das Wort »Ökologie« zusammen. Er sagte dazu: »Unter Oecologie verstehen wir die gesamte Wissenschaft von den Beziehungen des Organismus zur umgebenden Außenwelt, wohin wir im weiteren Sinne alle ›Existenz-Bedingungen‹ rechnen können.«

Wenn auch Ökologie auf dem ersten Blick kompliziert und reichhaltig zu sein scheint, so lässt sich doch mit nur wenigen Handgriffen im eigenen Garten das Leben zur Entfaltung bringen. Die Aufmerksamkeit des Lesers in diese Richtung zu lenken und ihn in diesem Unternehmen zu unterstützen, soll die Aufgabe dieses Buches sein. Als einfache Faustregel gilt: Umso gesünder der Garten, desto lauter die Vögel darin!

Ökologie und Nachhaltigkeit

Wirklich große Kulturen zeichnen sich durch ökologische Denkweise und nachhaltiges Handeln aus. Bezeichnenderweise finden sich Sprüche in der Kultur nordamerikanischer indigener Völker wieder wie: »Wer etwas in den Kreislauf hinein gibt, bekommt auch irgendwann wieder etwas heraus.« In China sagt man von Alters her mit entsprechender Auslegung: »Willst du für ein Jahr planen, säe Reis. Planst du für ein Jahrzehnt, pflanze Bäume. Planst du für ein Leben, so bilde das Volk aus.« Oder: »Gib einem Menschen einen Fisch, und er wird einen ganzen Tag lang satt, lehre ihn das Angeln, und er wird sein ganzes Leben lang satt.«

Der Begriff der Ökologie stammt bereits aus dem 19. Jahrhundert, gerät aber erst in den 80er-Jahren des 20. Jahrhunderts in alle Munde. Fortan gilt nur das als gesund, was entweder mit »Öko« (oder »Bio«) gekennzeichnet ist. Die Frage, wie viele Menschen inzwischen tatsächlich etwas mit diesem Begriff anfangen können, ist eine andere. Hauptsächlich verbindet es »Ottonormalverbraucher« mit seiner eigenen Nahrungsmittelgewinnung und Umwelt, in der er lebt: Er denkt an Haushühner (*Gallus*) und -schweine (*Sus*), die »ökologisch korrekt« gehalten und geschlachtet oder Baumaterialien, die »ökologisch unbedenklich« gewonnen und verwendet werden und nur kurze

Die Hand, die Rosen schenkt, duftet stets ein wenig.
INDISCHES SPRICHWORT

Transportwege hinter sich haben, also aus der Region stammen.

Wenn von Nachhaltigkeit die Rede ist, ist meist die »Unerschöpflichkeit« der Ressourcen gemeint, zumindest aber die langfristige, »klügere« Nutzbarkeit nachwachsender Rohstoffe. Besonders in der Forst-, Agrar- und Fischwirtschaft oder der Anlage neuer »Aquakulturen« taucht der Begriff der Nachhaltigkeit jetzt verstärkt auf. Beeindruckend zeigt das Beispiel der »Beifang«-Vermeidung, wie bereits durch einfache Maßnahmen wesentlich nachhaltiger gewirtschaftet werden kann: Etwa 95 Prozent der sonst als Beifang verendenden Flunderbestände (*Platichthys flesus*) beim Kabeljaufang (*Gadus morhua*) entkommen jetzt nur aufgrund der Maschenerweiterung von Schleppnetzen.

In Politik und Alltag hält der Begriff der Nachhaltigkeit mittlerweile ebenfalls Einzug und hier im Besonderen in Anwendung auf die Energiepolitik. Hier lautet die Zielsetzung, die Wirtschaftsweisen anzuregen, die als dauerhaft tragfähige Grundlage für Erwerb und Wohlstand dienen – doch ist Wohlstand immer noch eine Definitionsfrage …

In der sozialen Nachhaltigkeit soll es darum gehen, die Gesellschaft dahingehend zu entwickeln, gegenwärtig Ressourcen so zu nutzen, dass auch künftige Generationen noch etwas davon haben.

Last but not least sollte es ausgerechnet im Gartenbau leicht fallen, ökologisch wertvolle und nachhaltig wirkende Problemlösungen herbeizuführen – doch das Gegenteil ist der Fall. Das Interesse am so genannten Öko- oder Naturgarten scheint gleich nach dem Aufkommen seiner Idee Ende der 70er- / Anfang der 80er-Jahre auch wieder eingeschlafen zu sein. Und die wenigen alternativen Gärten, die sich seither gehalten haben oder neu entstanden sind, haben immer noch mit einem eher schlechten Image zu kämpfen. Selbst nach so vielen Jahrzehnten gelten der Wildwuchs im eigenen Garten als unordentlich, seine Besitzer als faul, und diese werden daher vom Nachbarn mit Argwohn betrachtet. Denn scheinbar ist der, der sich für eine solche Gartenform entschieden hat, nur zu bequem, um sich Hacke und Schaufel beziehungsweise gleich der Spritze zu bedienen.

Doch wer sich imstande sieht, sich über schlechtes Image und argwöhnische Nachbarn hinwegzusetzen, wird seinen Garten als Raum der wachsenden Vielfalt entdecken. Dieses Buch soll Anreize geben, im eigenen Garten auf Entdeckungsreise zu gehen und helfen, die Voraussetzungen zu schaffen, nach bevorstehenden Exkursionen erfolgreich wieder heimzukehren. Denn gerade in den Gärten der Welt ruht ein gewaltiges Potenzial der Chancen, das Paradies auf Erden neu zu erschaffen.

Die einzelnen Gartenelemente wie Wege und Trockenmauern, Bauerngarten und Streuobstbestand werden im vorliegenden Werk als Lebensräume vorgestellt, und der Blick für das Kleine darin soll geweckt werden. Ökologische Zusammenhänge werden erklärt, und es wird verdeutlicht, dass mit einfachsten Handgriffen die biologische Vielfalt um ein Vielfaches gesteigert werden kann. Bei allem ökologischen und nachhaltigen Denken und Handeln offenbart sich der Grundsatz: Natur funktioniert auch im Kleinen. Und jeder Quadratmeter eines ökologisch bewirtschafteten Gartenflecks trägt in der Summe zur Steigerung der Biodiversität und Lebensqualität bei. Darum: Entdecke, welches Potenzial in deinem Garten steckt!

Schwalbenschwanz
(*Papilio machaon*)
auf wassergebundener Decke

*Jedem Anfang wohnt
ein Zauber inne.*

Hermann Hesse

WEGE

Wo kämen wir hin, wenn jeder sagte,
wo kämen wir hin und keiner ginge,
um zu sehen, wohin wir kämen,
wenn wir gingen.
Kurt Marti

Der »Alte Garten«

Bin ich in der Ferne und gedenke meines alten Gartens, wird mir warm ums Herz. – Mir fallen als Erstes die Blauen Wildlupinen (*Lupinus polyphyllus*) vor dem alten Haus ein, der emsige Garten-Blattschneiderbienenmann (*Megachile willughbiella*), der von Blüte zu Blüte saust, und die hohen Kugeldisteln (*Echinops*), die im Wind schaukeln. Bin ich dann zu Hause, schaue ich aus meinem Fenster in umgekehrter Richtung. Direkt unterhalb der Fensterbank überragen die Kugeldistelköpfe alles, und ich sehe den wilden Bienenmann in einiger Entfernung patrouillieren. Wie bei einigen Wildbienenarten üblich, hat er sein Revier abgesteckt und verfolgt hartnäckig jeden, der sich an »seinen« Blüten aufhält und nicht rechtzeitig in Sicherheit bringt. Selbst die viel größeren Hummeln (*Bombus*) jagt er fort. Mit zahlreichen anderen Tieren bewohnt der Drohn die Wiese. Anstelle eines »normalen« Vorgartens stehen hier Lupinen, Acker-Witwenblumen (*Knautia arvensis*) und Wilde Möhren im Einklang vor dem Gartenzaun, der Welten voneinander trennt –

Ackerhummel (*Bombus pascuorum*) bei abendlichem Blütenbesuch der Blauen Lupine (*Lupinus polyphyllus*)

Wildbiene (wahrscheinlich eine Furchenbienenart der Gattung *Halictus*) auf der Blüte der Blauen Lupine (*Lupinus polyphyllus*)

denn dahinter liegt die blanke Straße ohne Leben. Vorüberkommende Menschen verharren staunend vor dem Zaun, kopfschüttelnd, stirnrunzelnd – egal in welchem Alter scheinen sie sich zu fragen: Wildnis in der Stadt – Wildnis hinterm Zaun – Wildnis Garten – Wie passt das nur zusammen? Und selbstverständlich ist das wirklich nicht. Die Stadt Hamburg hat sich seit den 1970er-Jahren auf die Fahne geschrieben, das andernorts kurz gehaltene Straßenbegleitgrün gewähren zu lassen. Man bemerkt daher schnell, wenn man die Hamburger Stadtgrenze passiert. Ab hier beginnen mannshohes Land-Reitgras (*Calamagrostis epigeios*) und gelbköpfiger Rainfarn (*Tanacetum vulgare*) die Verkehrsinseln zu besiedeln. Und oft umsäumen himmelblaue Wegwarten die Abfallcontainer und tunkt das Ferkelkraut (*Hypochoeris radicata*) ganze Rasenflächen in gelbe Farbe ein.

Mehr und mehr aber verwischen auch die Stadtgrenzen diesbezüglich und das Umland hat Gefallen an der Idee gefunden. Doch vor dem meisten privaten Gartengrund innerhalb der Stadtgrenze machen Wildpflanzen immer noch Halt. Trotz öffentlicher Diskussion zu Ökologie und Nachhaltigkeit scheint für die meisten Gartenbesitzer diese Idee bislang nicht übertragbar auf ihr eigenes Hab und Gut. Offenbar ist der Weg dorthin doch länger als gedacht. Wir wollen versuchen, diesen zu verkürzen.

Wege entstehen, indem wir sie gehen

Wege erschließen alle Grundstücke. Wege sind als Erstes da, bevor ein Garten links und rechts davon entsteht. Und: Wege sind keine Erfindung des Menschen. Wer Afrika aus der Vogelperspektive erlebt, kann entdecken, dass viele Tiere die Landschaft nur auf bestimmten Wegen durchkreuzen und nicht querfeldein laufen. Je nach Region und Lebensraum und angeborenen und erlernten Verhaltensmustern kommt es zu Unterschieden: Da zischt die eine kleine Säugetierart ständig dieselben kurzen Wege entlang im eng umgrenzten Revier, während andere schwergewichtige Vertreter auf langen Wanderschaften selten zweimal im Leben denselben Ort passieren – wie beispielsweise Rüsselspringer (*Macroscelididae*) und Afrikanischer Elefant (*Loxodonta africana*) im selben Lebensraum. Doch ihre Spuren hinterlassen alle. Je näher wir einer Wasserstelle kommen, desto deutlicher werden diese Spuren und desto spärlicher und außergewöhnlicher wird die Vegetationsdecke, bis sie schließlich im unmittelbaren Bereich um die Tränke herum ganz ausbleibt. Allein Zug und Druck der Tierfüße verhindern hier ein erfolgreiches Großwerden von Pflanzen. Hinzu kommen oft starke Wasserstandsschwankungen: Mal ist das Nass zu reichlich und mal zu spärlich für die Landflora vorhanden.

Wege sind der Ausnahmezustand im anders geordneten (direkten) Umfeld. Wer genau hinzuschauen vermag, dem sollte auffallen, dass sie einen Bruch mit allem begehen, durch das sich die Welt jenseits des Wegrandes auszeichnet: Vegetation, Boden, Belag, Kleinklima etc. Allein dadurch, dass wir eine Fläche häufig betreten, verändern wir sie. Wer seinen Rasen immer wieder an denselben Stellen überquert, nimmt Einfluss auf die Artenzusammensetzung seiner Gräser und Wildkräuter: Vegetationslücken entstehen – was für den einen »ärgerlich« erscheint, erfreut den anderen umso mehr.

So unglaublich es klingt: 1963, zu einer Zeit, in der die »Alte Welt« sich in (friedlicher) Revolution über die allmählichen Studentenbewegungen übte, betrieb ein Mann Rasenforschung. Jedoch gelangte auch er zu revolutionären Ein- und Ansichten. Seine Untersuchungsorte waren keine geringeren als ausgerechnet Bolzplätze.

Rudolf PIETSCH legte 1963 jeweils zwanzig Aufnahmequadrate in Torräume, Sechzehn-Meter-Räume, ins Mittelfeld sowie in die Spielecken und Seitenfelder. Untersucht wurden dabei Spielfelder von Schleswig-Holstein bis Bayern. »Die Pflanzenbestände der Fußballplätze«, schreibt Pietsch, »gehören unweigerlich zur Trittpflanzengesellschaft von Breitwegerich (*Plantago major*) und Ausdauernder Lolch (*Lolium perenne*), auch Deutsches Weidelgras oder Englisches Raygras genannt.«

Gänseblümchen (*Bellis perennis*) und Weißklee (*Trifolium repens*) wuchsen vor allem im Bereich der Spielecken und Seitenfelder in eben jenen Zonen geringerer Bespielungsintensität. Aus der Untersuchung geht deutlich hervor, dass die Dominanz der gut Tritt vertragenden Pflanzenarten vom Torraum und Mittelfeld angefangen über den Sechzehn-Meter-Raum hin zu den Spielecken und Seitenfeldern abnimmt. Dort ähnelt die verbliebene Pflanzendecke allmählich in seiner Zusammensetzung und Lückigkeit einem intensiv gepflegten Zierrasen mit dichter Grasnarbe, allerdings unter Beimischung genannter Wildkräuter.

Pietsch' Arbeit ließ aber keine klaren Beziehungen zwischen Klimalage und Pflanzenbestand erkennen, egal ob das Untersuchungsgebiet nun im kontinental beeinflussten Franken oder im von maritimer Wetterlage geprägten Ruhrgebiet lag. Auch spielte keine Rolle, ob sich die untersuchten Bolzplätze innerstädtisch befanden oder weit außerhalb jeder Stadtgrenze. Und es stellte sich heraus, dass auch den oft stark voneinander abweichenden Bodenverhältnissen kein entscheidender Einfluss zukam. In der Regel besaßen die Plätze sehr stark gestörte Bodenprofile und handelte es sich bei ihnen zum großen Teil um geradezu künstlich zu nennende Standorte – genau wie bei den meisten Gartenböden. Eine gewisse Beziehung aber zwischen den Hauptgrasarten eines Sportrasens und seinem Untergrund besteht dennoch, denn schließlich wird nirgendwo auf Dünengräsern wie Strandhafer (*Ammophila*) oder Silbergras (*Corynephorus canescens*) gekickt. Diese würden auch keinem Spielbetrieb der Welt länger standhalten.

Wegwarte (Cichorium intybus) mit Schwebfliege (Syrphidae)

Wegbelag aus Schill (Muschelschalen)

Als der Große Geist dem Menschen die Füße gab, da konnte er nicht ahnen, dass der sie dazu benutzen würde, um über Beton zu laufen.

INDIANISCHES SPRICHWORT

Deutlich aus seinen Untersuchungen geht hervor, dass die jeweilige Trittwirkung – in diesem speziellen Fall die Bespielungsintensität – alle anderen Faktoren überlagert. Ganz ähnlich verlaufen Nutzung und Nutzungsgrad durch Kinderfüße und Gartenbesitzer auf Wegen und Rasenflächen.

Besonders extrem ist naturgemäß die Trittbelastung auf den Wegen – denn dafür sind sie angelegt. Daran anschließend folgt in der Nutzung per pedes die benachbarte Rasenfläche. Daher sind viele der Wildpflanzenarten in beiden Gartenelementen identisch vertreten. Einjährige und ausdauernde Gräser wachsen hier wie da, und in Grasnarbe, Wegschotter und zwischen Fugen siedeln niedrige Stauden und einjährige Wildkräuter. Die meisten dieser Arten sind den Gartenbesitzern vom Anblick her vertraut, doch wissen die wenigsten von ihnen auch ihre Namen.

Schill als Wegbelag, der zum Spielen einlädt

Menschen und ihre Wege

Das aufgeführte Beispiel der Sportplätze demonstriert fabelhaft eine erste Wechselwirkung zwischen Pflanze und Standort, besonders aber dessen Nutzungsgrad. Besitzt man diese Erkenntnis, ergibt sich daraus eine ganz eigene Philosophie des Wegebaus.

Stefan PALLASKE, Diplom-Ingenieur der Landespflege in Wilhelmshaven und geradezu täglich mit diesem Thema konfrontiert, vertritt die Ansicht: »Am Anfang jeder Planung steht immer die Definition des Begriffes: Was ist überhaupt ein Weg? – Die Antwort könnte halbphilosophisch lauten: Ein Weg ist ein Weg ist ein Weg. Die Definition des Weges heute unterscheidet sich dabei deutlich von der gestrigen, da sich auch die Ansprüche der Gesellschaft geändert haben: Wege werden heute stark über die Trittbelastung begründet. Wege sind auf alle Fälle Flächen, die immer wieder frequentiert werden. Neben der Funktionalität eines Weges versucht der moderne Planer nach Möglichkeit, Spannung über die Wegführung zu erzeugen. Außerdem können Wege jedem Menschen etwas vollkommen Unterschiedliches bedeuten. Es gibt typische Wege der Kindheit, die den Spielplatz mit dem Elternhaus verbinden. Je nach Menschentyp fühlt sich der eine in Erinnerung an den ehemaligen Schulweg angenehm berührt, und der andere eher nicht. [...] Überhaupt sind Menschen ganz unterschiedlich veranlagt: Während es Menschen gibt, die gern vorgegebenen Wegen folgen, wählen andere gern immer wieder neue. Entsprechend unterschiedlich können Wege im Garten gestaltet sein. Wenn der eine Mensch Wert auf die strenge Führung durch den Weg legt, hat es der andere gern, vom Weg jederzeit abweichen zu dürfen und nur ab und an wieder an ihn erinnert zu werden. Entsprechend geradlinig kann die eine Variante ausfallen, die nächste dagegen ohne viel Aufwand und ohne strenge Führung. Eine weitere kann verspielt gestaltet werden mit vielen Details – ganz nach den Bedürfnissen der Gartenbesitzer. Und alle Übergänge dazwischen sind vorstellbar: Wegen sind einfach keine Grenzen gesetzt. Oder zumindest kaum.

Einerseits sollte ein Weg – technisch gesehen – lange bestehen, also seine Funktionalität möglichst lange erhalten bleiben. [...] Der Weg im Garten aber stellt besonders hohe Anforderungen an den Gestalter, wenn die Wegführung auch nachhaltig Spannung erzeugen und nicht schon nach kurzer Zeit langweilen soll. Die Vielfältigkeit erstreckt sich dabei vom Einbezug seines Verlaufes und der Topographie bis hin zur Materialwahl. Blickwinkel und Einsichten, Form-, Gestalt- und Farbwechsel können dabei helfen, die Spannung aufrechtzuerhalten.

Ein besonders wichtiger Aspekt ist bei alledem die Schaffung von Lebensräumen für Pflanzen und Tiere, die manchmal direkt auf den Wegflächen siedeln oder am Wegrand – an der Übergangszone unterschiedlicher Strukturen. Diese Randzonen sind auch aus planerischer Sicht besonders interessant, da sie im gewissen Maße veränderbar sein dürfen. Hier kann und soll es Entwicklung geben, welche zu besonders hoher Qualität an Spannung führt. Am Wegrand kann der Betrachter immer wieder neue Dinge entdecken. Der Begriff der Nachhaltigkeit braucht sich also nicht bloß auf die technische Beschaffenheit eines Weges zu beschränken, sondern kann sich auch auf die Vielfalt und Veränderung eines Standortes beziehen. Somit kann der Weg als ein Element des Gartens den Beitrag leisten, natürliche Entwicklungen zu stärken und Lebensräume spannend zu gestalten.«

Mut zur Lücke – Vom Wert offener Standorte

Woher kommt eigentlich die Fähigkeit vieler Pflanzen, auf Rohboden wie dem eines Weges siedeln zu können? Geht man in die freie Landschaft außerhalb der Städte, sieht man kaum einmal vegetationsfreie Standorte: Die meisten Flächen sind – eigenartigerweise – mehr oder weniger dicht bewachsen, bis sie an Straßen- oder Flussränder stoßen. Doch selbst die den Verkehr begleitenden Flächen der Innenstadt bleiben nach Neuanlage nicht lange unentdeckt, und Pflanzen breiten sich rasch auf ihnen aus.

Ursprünglich sind offene Standorte nicht selten gewesen. Wer ausgedehnte Nationalparkgebiete besucht hat, kann sich – ganz unabhängig von ihrer Geographie – an weite, oft endlos erscheinende Flächen armer Vegetationsausbildung erinnern. Er sah vielleicht Flächen nach einem Waldbrand, verdorrte Steppen nach lang anhaltender Dürre, Flussuferabstürze mit harten Prallhängen und sanfte, sich ständig erneuernde Gleithänge (Ablagerungsstätten unterschiedlicher Substrate), Erosionsrinnen, die sich tief ins Land schneiden, und er erinnert sich vielleicht auch an Flächen, die entweder zu heiß, zu kalt, zu trocken, zu nass übers Jahr gerechnet oder ganz einfach zu bewegt für die Vegetationsbildung sind – ob nun dauerhaft oder periodisch auftretend. Solche Standorte existieren seit Anbeginn der Erdzeit. Die Pflanzen (und auch Tiere) hatten also genügend Zeit, sich darauf einzustellen.

Da die Konkurrenz nicht schläft, freie Flächen erfolgreich und schnell zu erobern, haben die einzelnen Pflanzenarten mit unterschiedlichen Methoden reagiert. Es gibt einjährige Pflanzen, die innerhalb einer

*Die Lücke, die wir hinterlassen,
ersetzt uns vollkommen.*

CARL-HEINZ SCHROTH

Gewöhnlicher Natternkopf (*Echium vulgare*) und Frühlings-Greiskraut (*Senecio vernalis*) siedeln gern in den Fugen des Bodenbelages von Gartenbesitzern, die so etwas zulassen.

Saison keimen, wachsen, blühen und aussamen. Dabei spielt es oft keine Rolle, ob sie diesen Zyklus zwischen Frühjahr und Herbst abwickeln oder über ein Winterhalbjahr hinwegziehen. So sieht man die aus dem Mittelmeerraum zugewanderte Mäusegerste (*Hordeum murinum*) sattgrün an winterlichen Straßenrändern stehen. Und abhängig davon, ob er im Laufe seiner Vegetationszeit durch Schnitt gestört wird, können wir den Gewöhnlichen Natternkopf (*Echium vulgare*) einmal zuletzt mitten im Sommer blühen sehen, ein anderes Mal noch im Spätherbst.

Viele dieser Pionierpflanzen – Arten, die zuerst einen vorher freien Standort erobern, oft aber nach kurzer Zeit wieder räumen müssen – bilden lange Pfahlwurzeln aus, über die sie an tiefer gelegene Nährstoffe und Wasser an dem sonst unwirtlichen Standort gelangen. Diese Fähigkeit erlaubt ihnen, sich dort anzusiedeln, wo andere nicht mehr mithalten. Der Mensch nennt diese Pflanzen oft »anspruchslos« – ebenso gut könnte er sie doch als »besonders anspruchsvoll« bezeichnen. Pflanzen dieser Kategorie stellen sich schnell auf jedem neu angelegten Weg ein. Solche Pflanzen kommen nicht nur mit diesen – für andere Arten – widrigen Umständen zurecht, sondern sind oft auch existenziell auf diese Standorte angewiesen, was die Bezeichnung »besonders anspruchsvoll« besser verdeutlichen würde. Wenn also von Natur aus so viele Pflanzen (und oft auch Tiere in Abhängigkeit von diesen) auf bestimmte Standorte angewiesen sind, ist es wichtig, solche im eigenen Garten jetzt zu bieten – und langfristig zu erhalten!

Der Mensch kann die Grundlage schaffen, aber dann heißt es, sich in Geduld zu üben. Denn: Gut Ding will Weile haben. Doch oft ist alles Warten vergebens und aller Anfang schwer. Die besonderen Arten, die wir erhoffen, wollen sich partout nicht einstellen, obwohl wir doch alles »perfekt« für ihre Ankunft hergerichtet haben. An Entfernung und Isolation des Gartens liegt das Scheitern meist nicht. Denn diese hoch spezialisier-

Schmalblättriges Weidenröschen (*Epilobium angustifolium*) und Reseden-Art (*Reseda*) in einem Buntsandsteinbruch

ten Arten trockener, nährstoffarmer Standorte sind es von Natur aus gewohnt, ihren leichten Samen auf weite Wanderschaft zu schicken. Und ebenso verhält es sich mit den Pionieren unter den Tieren, die auf solche Standorte positiv reagieren: Laufkäfer, Wildbienen und Tagfalter. Auch sie gaukeln über hohe Wälder und breite Flusstäler, um oft weit voneinander entfernte Magerstandorte ausfindig zu machen, ohne dass ihnen jemand zuvor erklärt hätte, wo diese zu finden seien. Doch die Welt hat sich verändert. Ursprünglich einmal magere Standorte weisen heute durch direkte Düngung oder Ferneintrag hohe Nährstoffkonzentrationen auf. Prominente Opfer sind Wiedehopf (*Upupa epops*), Dünen-Sandlaufkäfer (*Cicindela hybrida*) und Rotflügelige Ödlandschrecke (*Oedipoda germanica*). Und wirklich isolierte Standorte sind in ganz Mitteleuropa kaum noch zu nennen. Selbst ein so abgelegener Standort wie die Kernzone des Nationalparks Bayerischer Wald erfährt von allen Seiten Einflüsse: Entweder von Ost oder von West entladen sich Zivilisationsregen über dem Mittelgebirgszug.

Und so kann auch der Traum manches Ökogärtners von einem Magerstandort schnell wie eine Seifenblase zerplatzen, wenn er einsehen muss, dass doch die meisten Standorte längst mit Stickstoffen und anderen Einträgen so angereichert sind, dass sich »nur« noch Große Brennnessel (*Urtica dioica*), Schöllkraut (*Chelidonium majus*) und Schwarzer Holunder (*Sambucus nigra*) ausbreiten können. Viele Liebhaber von Naturgärten wundern sich bis heute darüber, dass ihre gut behüteten Brennnesselbestände keine Schmetterlingsraupen mehr tragen. Das könnte zum Beispiel daran liegen, dass die Nesseln im Garten zu gut genährt und wehrhaft geworden sind, so dass die Raupen am Ende das Nachsehen haben. Auch trägt natürlich der mittlerweile bundesweit desolate Zustand der Tagfalterbestände daran Schuld, wenn dem Garten die Falter fernbleiben.

Eigentlich gehören auch die Trockenmauern und Gewässer zu solchen Extremstandorten wie die Wege: Oft ertönt der Verzweiflungsruf des Nachbarn, der vergeblich auf eine freiwillige und zeitnahe Besiedlung seines mühsam geschaffenen »Feuchtbiotops« wartet. Doch längst ist auch das Umland besonders an der Flora nasser Standorte so verarmt, dass es selbst solchen Spezialisten nicht mehr in absehbarem Zeitraum gelingen kann, diesen Teich zu finden. Welche langfristigen Folgen sich aus der allmählich zunehmenden Isolation der Standorte voneinander ergeben, ist heute noch nicht absehbar.

Auf der anderen Seite kann sich gerade aus dieser Isolation heraus der Garten als Schutzraum erweisen: Hier erst einmal angekommen, können sich Arten erhalten und sogar von einem Grundstück zum nächsten wieder ausbreiten, stets auf die Akzeptanz der Gartenbesitzer angewiesen. Was läge da also näher, als auch und besonders Wildpflanzen hier eine Zuflucht zu erlauben, einzurichten und jedwede Unterstützung zuteil werden zu lassen?

Die Biodiversität (Artenvielfalt) zu fördern, beginnt bereits damit, den richtigen Untergrund für den Weg zu wählen. Für Drain-, Trag-, Ausgleichsschicht und Wegedecke sollte standortgerechtes Material aus nächster Umgebung genutzt werden. Man bedenke aber: Selbst wenn man auf den hellen Granit aus Indien verzichtet – auch die Nutzung »heimischer« Gesteine reißt anderenorts tiefe Wunden in die Landschaft, wenngleich auch bestimmte Arten auf die Besiedlung solcher Wunden spezialisiert sind.

Wassergebundene Beläge aus Naturbaustoffen sind für den Wegebau im Privatgarten sicher zu bevorzugen. Geht es um Splitte und Kiese, sind sie in der Regel leicht zu verarbeiten und garantieren eine hohe Tritt- und Scherfestigkeit. Nutzungsansprüche und Unterhaltungsaufwand sind eher als gering einzuschätzen, wodurch Raum und Zeit für liebevolle Details bleiben. Findlinge oder quer verlaufende Backsteinbänder aus Gleyboden können den Weg begleiten oder unterbrechen. Auf wegeinfassende Kantensteine kann – je nach Philosophie – eventuell verzichtet und somit einem fließenden, sich stetig verändernden Übergang Rechnung getragen werden. Grundsätzlich ist darauf zu achten, die Versiegelung der Fläche so gering wie möglich zu halten.

Bereits einen einzigen Zentimeter neben einem Weg hört seine kleine Welt auf zu sein und wird durch eine andere ersetzt.

Herkunft der Wildkräuter – Oder: Was heißt hier einheimisch?

Warum zu so früher Stunde bereits versucht wird, den Begriff des »Einheimischen« zu erklären, hat zweierlei Gründe: Wir befinden uns gerade noch am Anfang des Buches und im Kapitel der Wege. Dieses Begriffsverständnis sollte vorhanden sein, wenn man sich mit dem Thema Naturgärten auseinandersetzt. Und gerade die verschiedenen Formen der Wege sind es, auf denen neue Pflanzen Mitteleuropa seit geraumer Zeit erreichen und besiedeln.

Mitteleuropa ist seit alters her Pionierland für Pflanzen und Tiere. Das erklärt sich unter anderem durch die immerwährenden Unruhen, die die Abfolgen der Kalt- und Warmzeit entstehen ließen. Zusätzlich prägt der Mensch seit wenigstens 12.000 Jahren Mitteleuropa in seiner Artenzusammensetzung. Spätestens seit Ende der letzten Kaltzeit gestaltet der Mensch neue Landschaftsbilder. In ihnen müssen sich alteingesessene und neue Arten gleichermaßen zurechtfinden und untereinander arrangieren.

In den USA gelten alle Arten, die vor 1492 bereits vorhanden waren, als einheimisch, alle späteren als neu zugewandert. Diese Definition ist höchst fragwürdig, da ganz sicher Seevögel, Meeresströmungen, Treibgut und nicht zuletzt Menschen, die zu einem noch früheren Zeitpunkt eingewandert sind, für einen ständigen Austausch von Arten zwischen den einzelnen Kontinenten gesorgt haben. Das Gleiche gilt für Mitteleuropa: Mit Klimawandel, den Wanderaktivitäten von Zugvögeln und großen Herdentieren und nicht zuletzt der sehr differenzierten Entwicklung menschlicher Kulturen haben sich auch zahlreiche Pflanzenarten verbreitet. Dabei ist es für nach allen Seiten offene Gebiete wie Mitteleuropa sehr schwer, den Begriff des Einheimischen zu definieren. Es ist und bleibt eine Sache der Perspektive. Dennoch wird niemand daran zweifeln, Arten wie die Stieleiche (*Quercus robur*) und den Haselstrauch (*Corylus avellana*) als »erzeinheimisch« zu bezeichnen – die Zahlen der Organismen, die von diesen Arten biologisch und ökologisch profitieren, sprechen eine eigene, besonders deutliche Sprache. Wer in der Nähe seines Gartens eine Bahnstrecke kennt, dem ist sicher schon die außergewöhnlich bunte Vielfalt der Wildpflanzen entlang der Gleise aufgefallen: Im Hochsommer blühen hier Kanadische Goldrute (*Solidago canadensis*) und Gewöhnliche Nachtkerze (*Oenothera biennis*) aus Nordamerika, Schmetterlingsflieder (*Buddleia davidii*) aus Ost- und Südostasien, Schmalblättriges Greiskraut (*Senecio inaequidens*) aus Südafrika sowie Malven (*Malva*), Steinbrechgewächse (*Saxifraga*), Wilde Möhre, Weißer Steinklee (*Melilotus albus*) und Rainfarn aus Europa. Ein wenig weiter nur stehen Jakobs-Greiskraut (*Senecio jacobaea*), Wilde Resede (*Reseda lutea*), Färber-Wau (*Reseda luteola*) und Weidenblättriger Alant (*Inula salicina*) sowie zahlreiche weitere Arten, ebenfalls aus Europa.

Was diese Standorte entlang der Gleise genauso wie die entlang der Wege miteinander teilen, sind viel Licht, Trockenheit und im Sommer große Hitze bei insgesamt geringem Nährstoffangebot. Dennoch kann von keiner speziellen pflanzensoziologischen »Eisenbahn-Gesellschaft« gesprochen werden, da die Zusammensetzung der Flora von vielen verschiedenen weiteren Standortfaktoren abhängig ist, so dass die einzelnen Arten je nach Region und Umweltfaktoren immer wieder neu zusammentreffen.

Viele dieser Arten produzieren große Mengen Samen, der oft so leicht ist, dass er schon durch leichteste Luft-

Neubürger: Schmalblättriges Greiskraut (*Senecio inaequidens*) am Bahngleis

verwirbelungen über große Strecken verdriftet oder über Klett- und Klebvorrichtungen verfügt, wodurch er an Schienenfahrzeugen, Autoreifen und unter Schuhsohlen haftet – und so oft auf eine weite Reise geht, bis er schließlich auch in unseren Gärten eintrifft.
Für einige Arten wie die Gewöhnliche Nachtkerze ist der Verlauf ihrer Ausbreitung genau dokumentiert. So ist bekannt, dass sie aus Nordamerika kommend zuerst 1623 in Gärten bei Paris angebaut wurde. Von hier aus startete sie ihren unaufhaltsamen Karriereweg über heute weite Teile Europas und Asiens. Je nach Licht- und Wetterverhältnissen öffnet die Pflanze erst in den Abendstunden ihre Blüten. Und obwohl sie erst seit dem 17. Jahrhundert in Deutschland wächst, finden sich hier zahlreiche Nachtfalter als Blütenbesucher ein. Der Nachtkerze zuliebe brechen sogar penibelste Gartenbesitzer mit eisernen Ordnungsregeln: Sie siedelt, wo sie will, und doch lässt man sie gewähren aufgrund von Blühintensität und Wohlgeruch: Denn sie duftet wie keine zweite nach Zitronenkuchen – was wohl für viele Liebhaber ihrer Art besonders ab der späten Nachmittagsstunde von positiver assoziativer Wirkung ist.
Auch der aus Asien stammende Schmetterlingsflieder ist für seinen zahlreichen Besuch durch Falter bekannt. Bei diesem Anblick wägen sich viele Gartenbesitzer in falscher Sicherheit eines ökologisch gesunden Grundstücks. Doch reicht es nicht, Tieren eine Nahrungsquelle zu stellen. Auch wir Menschen würden nicht gern das ganze Jahr über in einem Drei-Sterne-Restaurant leben, selbst wenn uns die besten Mahlzeiten darin gratis zur Verfügung stünden. Zum Leben gehört deutlich mehr. Doch sind die Lebensansprüche von Art zu Art verschieden. Daher ist Abwechslung im Garten oberstes Gebot – wenn man auf größtmögliche Artenvielfalt Wert legt. Und irgendwo müssen sich schließlich auch die Raupen der Schmetterlinge entwickeln dürfen. Viele tun das ausgerechnet an der Großen Brennnessel, doch bei weitem nicht alle!
Ökologisch zu gärtnern bedeutet, auf vorwiegend (oder ausschließlich) einheimische Gewächse zu vertrauen. Außerordentlich interessant und lehrreich ist es, wenn man deren Entwicklung hin zu Pflanzengesellschaften und -gemeinschaften beobachtet. Schließlich ist es notwendig und unabdingbar, dass sich die Pflanzen des Gartens selbstständig und (fast ohne Hilfe des Menschen – zumindest nicht in allen Fällen) vermehren (können). Es ist spannend zu beobachten, wie sich die Artenzusammensetzung einspielt und verändert, ein Gefüge inklusive der Tierwelt einstellt, welches hauptsächlich über alteingesessene, »einheimische« Pflanzenarten vor sich geht (von Bakterien und Pilzen ganz zu schweigen).
Welches Potenzial tatsächlich in der Wegführung und dem nahen Drumherum steckt, bleibt aber unermesslich.

Wildbienen in Gefahr – «Bee or not to bee"

Wege, die aufs Haus zuhalten, sind beliebt und nützlich. Wer nach starkem Regenfall noch trockenen Fußes über einen Weg zum Haus gelangt, weiß, wovon ich spreche.
Was für den Menschen eine Art Luxus bedeutet, ist für andere Lebewesen dagegen unentbehrlich. Am Weg versammeln sich Tiere und Pflanzen, die in der Wiese fehlen – oder zumindest nicht gleich zu entdecken sind. Eine besondere Gruppe stellen dabei die Wildbienen. Überhaupt können die Kleinstrukturen eines gelungenen Weges herrliche Lebensgrundlagen schaffen. Das Wort »Refugium« scheint dabei von »Fuge« herzurühren. Denn besonders in den Fugen finden sich alljährlich Keimlinge wieder, die von den Mutterpflanzen aus nahezu allen Gartenteilen stammen: Nachtkerze und Wilde Karde, Echtes Herzgespann (*Leonurus cardiaca*) und Acker-Glockenblume (*Campanula rapunculoides*), Oregano (*Oreganum vulgare*) und Königskerze (*Verbascum*) laufen hier stärker auf als anderswo. Dabei funktionieren Wege besser als jeder »absichtlich« angelegte Frühbeetkasten. Ein erstes festes Prinzip lässt sich daraus ableiten: Es muss nicht alles mühevoll gepflanzt werden, wichtiger wäre es, die Strukturen dafür zu schaffen, dass sich Pflanzen ansiedeln, Pflanzengesellschaften ausbreiten und Tiergemeinschaften entwickeln können!
Wer aufmerksam beobachten gelernt hat, kann ab dem zeitigen Frühjahr kleine Häufchen in diesen Fugen oder am Rand, bei einem Sand- oder Lehmweg auch mitten darauf entdecken. Wer dann noch die Geduld bewahrt,

Schon vor Jahrmillionen und lange vor dem Menschen haben Wildbienen auf der Erde gelebt. Innerhalb weniger Jahrzehnte hat es der Mensch geschafft, viele Arten durch Einengung, Zerstörung und Vergiftung ihrer Lebensräume auszurotten oder ihre Bestände stark zu dezimieren.

Paul Westrich

kann Augenblicke später den Verursacher dieser kleinen Bauwerke feststellen. Oft sind es Wildbienen. Früheste fossile Bienennachweise reichen bis weit in die Kreidezeit zurück. Über 550 Wildbienenarten existieren rezent in ganz Deutschland; über 700 Arten sind es europaweit und bereits um die 30.000 hat man auf der ganzen Welt gezählt. Die meisten von ihnen sind derart spezialisiert in der Wahl von Nahrungspflanzen, Nistplätzen und Baumaterialien, dass genau dieser Umstand auch schnell zu ihrer Gefährdung führen kann.

Bodenbearbeitung, verschiedenste Gifte, Imprägniermittel von Zäunen und Pergolen, zunehmende Versiegelung besonders der Wege, Verlust an Totholzstrukturen sowie Veränderungen in Art und Intensität menschlichen Freizeitverhaltens bedrohen das Leben der Wildbienen. Und schließlich: die Verwendung fremdländischer Pflanzen.

Was für uns gut ist (aber nicht nur), ist für Bienen oft nicht so gut – und umgekehrt. Wildbienen ging es hervorragend, als in Zeiten der Krise wie nach Kriegen »Trümmerpflanzen« wie das Schmalblättrige Weidenröschen (*Epilobium angustifolium*) und andere sogenannte »Unkräuter« in ihren Beständen zunahmen. Nicht etwa, dass erfolgreicher Wildbienenschutz eine neue derartige Krise nötig hätte: Heute sollte er allein mit Vernunft über den Verstand zu meistern sein! Doch die meisten von uns bemerken

Garten-Wollbiene (Anthidium manicatum)

die Existenz der Wildbienen in ihrem Garten nicht einmal und entsprechend auch nicht ihren Verlust. Hinzu kommt die Verwechslungsgefahr mit Fliegen, Wespen oder der Westlichen Honigbiene (*Apis mellifera*). Speziell die Gruppe der Hummeln wird von Laien nicht als Wildbienen erkannt, obwohl diese natürlich dazugehört. Und ja: Auch Hummeln können den Menschen stechen. Doch genau wie der Stich der anderen Wildbienen ist dieser kaum zu spüren, denn anders als bei der Honigbiene löst sich bei ihnen nicht gleich der gesamte Stachelapparat,

Gemeine Seidenbiene (*Colletes daviesanus*) auf Sand-Strohblume (*Helichrysum arenarium*)

der dann in der Haut steckenbleibt und weiterhin das Gift injiziert.

Die einzelnen Wildbienenarten unterscheiden sich oft stark in ihren Bedürfnissen voneinander, so dass viele spezialisierte Arten nebeneinander in einem Lebensraum existieren können. Auch gibt es unter ihnen die Generalisten – Tausendsassas und Vieleskönner, die die Blüten vieler verschiedener Pflanzenfamilien anfliegen oder an den unterschiedlichsten Orten brüten können. Einige Arten kommen daher im gepflegten Münchner Vorgarten genauso vor wie auf der Waldlichtung in einem hessischen Nationalpark.

Die Fülle der Wildbienen ist so groß, dass hier unmöglich alle behandelt werden können. Daher werden einige wenige ausgewählte Arten exemplarisch aufgeführt. Die meisten Wildbienen in Deutschland gehören mit über 170 Spezies der Gattung der Sandbienen (*Andrena*) an. Der Name rührt von ihrer Angewohnheit her, ihre Nestbauten selbstständig im Bodensubstrat anzulegen. Auf ebener Fläche wie einem Gartenweg entstehen dabei meist kleine charakteristische Auswurfhalden. Wie die meisten anderen einheimischen Wildbienen sind Sandbienen solitär lebend. Das bedeutet, die weiblichen Individuen kümmern sich allein um ihren Nachwuchs; sie sammeln Pollen und Nektar, legen Brutröhren an und legen darin ihre Eier ab. Andere Gattungen nutzen dafür auch vorgefertigte Strukturen wie Käfergänge, Schneckenhäuser oder die offenen Schilfstängel der Reetdächer. Doch nicht alle Arten kümmern sich auch tatsächlich um ihren Nachwuchs: Rund ein Viertel der hiesigen Arten gehört zu den sogenannten »Kuckucksbienen«. Es sind verschiedene Gattungen, wie die Wespenbienen (*Nomada*), die auf einen oder mehrere Wirte spezialisiert sind. Während die eigentliche Nestbauerin Pollen sammelt, legen jene ihr Ei in die offene Brutzelle und nutzen den dort bereits vorhandenen Nahrungsvorrat.

Die meisten Arten überwintern im Larvenstadium. Bei den Hummeln mit ihrer kollektiven Lebensweise überwintern die Königinnen in frostsicheren Verstecken. Über das Vorhandensein der richtigen Nahrungspflanzen hinaus ist also der Erhalt der Strukturen lebensnotwendig, die den Tieren ein Überwintern ermöglichen!

Das Jahr der Wildbienen ist als Folge ihrer Artenvielfalt lang. Ganz früh schon begegnen wir Pelz- (*Anthophora*), Sandbienen und Hummeln. Entsprechend ist auf das frühe Nahrungsangebot zum Beispiel in Form von einheimischen Frühjahrsblühern wie Zweiblättriger Blaustern (*Scilla bifolia*), Hohler Lerchensporn (*Corydalis cava*), Echtes Lungenkraut (*Pulmonaria officinalis*) und Weiden (*Salix*) zu achten! Einige Hummelarten sind sogar noch im Dezember flugaktiv. Und schließlich ruhen im Verborgenen die Wildbienen in winterlichen Stadien um uns herum. Sie bedürfen unserer besonderen Aufmerksamkeit und unseres intensiven Schutzes, damit sie auch im folgenden Jahr summen, ganze Bestäubungsarbeit leisten und den stummen Frühling fernhalten.

WIESEN

An einen Schmetterling

Du, leicht und schön, aus Gottes Traum geboren,
du Bote einer tiefersehnten Welt!
Du Sieger, der die Liebe unverloren
und sanft im Spiegel seiner Schwingen hält:

Die Blumen lieben dich. Und wenn ich träume,
so träum ich deinen selbstvergessnen Flug.
Wie du mir wiederkommst durch helle Bäume,
versöhnst du mit der Erde Last und Trug.

Dein goldner Schmelz erschrickt vor meiner Schwere.
Du flügelst auf, mir lahmt der wüste Schritt.
Doch hoch und höher jetzt, in seliger Kehre,
nimmst du den Schmerz auf deinen Schwingen mit.

JOSEF WEINHEBER

Nationalpark Wegesrand

Ein Kleinkind läuft durch eine Wiese. Vor ihm flüchten Heuschrecken, Eidechsen und Frösche. Es sieht Schnecken, Käfer und Blumen in den allerschönsten Farben. Dann entdeckt es etwas, das alles an Farbe und Grazilität übertrifft: Nicht weit voraus sitzt ein Schmetterling, ein Tagpfauenauge (Inachis io), auf einer Blüte und nascht mit ausgefahrenem Rüssel von deren Nektar. Seine Scheinaugen auf den aufgeklappten Flügeln leuchten in irisierenden Farben. Fasziniert schleicht sich das Kind an, doch erhebt sich der Falter im letzten Moment vor ihm in die Lüfte. Der aufsteigende Falter hilft dem Kind, das Erleben der Möglichkeit der dritten Dimension zu verstärken.

Die Wiese und ihre Geschöpfe – sie tragen unaufhörlich zum Lernprozess des Menschen bei. Damit das auch in Zukunft so bleibt, muss der Lebensraum Wiese in all seiner Vielfalt geschützt werden. Dabei gehört nicht nur das Seltene unter Schutz gestellt, sondern auch das heute noch Häufige – denn morgen schon kann es zur Seltenheit geraten sein. Gärten bieten Gelegenheit zur Entwicklung dieses besonderen Biotops in unserer unmittelbaren Umgebung und können einen wertvollen Beitrag zur Wiedergutmachung des oftmals frevelhaften Umgangs mit ihm leisten.

Walter Fuss, heute über achtzigjähriger Naturschützer aus Baden-Württemberg, wurde bereits als Kind durch den Vater auf den Geschmack der Wildkräuter gebracht. Damals bestanden bereits amtliche Empfehlungen, aus volksgesundheitlichen Gründen die Küche durch Wildpflanzen zu bereichern. Den Wert, den Wegrand und Wiese auch für die Menschen haben können, hat Fuss viele Jahre später am eigenen Leib erfahren, besonders in Zeiten des Mangels wie während seiner Kriegsgefangenschaft etwa. Heute mahnt er nicht ganz uneigennützig zu behutsamem Umgang mit einem besonderen Lebensraum: »Eine Wiese beginnt bereits an ihrem Rand. Eine besondere Artenvielfalt herrscht im Übergang zweier oder mehrerer Lebensräume. Die Vielfalt am Wegesrand und in der Wiese sorgt für die Gesundheit ihrer Bewohner – ein Feldhase nutzt beispielsweise rund 200 verschiedene Gräser und Kräuter zu seiner Ernährung. Wildbienen und Schmetterlinge sind oftmals auf eine einzige Pflanzenart spezialisiert – stirbt diese, verschwindet mit ihr eine ganze Lebensgemeinschaft.«

Wenn vor wenigen Jahrzehnten ein Auto von Hamburg nach München fuhr, völlig egal, ob nun tagsüber oder nachts, waren Scheibenwischer notwendig, weil alle halbe Stunde tote Insektenkörper die Sicht behinderten. Heute kann ein Fahrzeug diese Strecke mehrfach hin- und herfahren, am Tag wie in der Nacht, im Hochsommer wie im Frühjahr – ohne vergleichbare Vorkommnisse dieser Art. Die Insekten fehlen inzwischen größtenteils.

Walter Fuss weiter: »Die ökologische Bedeutung der Wegränder im Übergang zur Wiese wird bislang völlig unterschätzt. Im Ländlichen sorgen ein falscher und viel zu häufiger Mährhythmus – manche Ränder werden sogar wöchentlich geschoren, damit landwirtschaftliche Maschinen ungehindert passieren können –, der Einsatz von Giften und Düngern für Störungen in der Entwicklung von Pflanzen und Tieren und damit für den ökologischen Kollaps.«

Alle Wegränder Deutschlands aneinandergereiht, die ländlichen wie die im Garten auf privatem Grund, würden eine erheblich größere Fläche ausmachen als sämtliche Nationalparks zusammengenommen – und beim richtigen Umgang käme ihnen ein höheres ökologisches Gewicht zu. Ihnen stünde am Ende selbst der Status eines eigenen, flächig allerdings sehr verteilten Nationalparks zu – des Nationalparks Wegesrand!

Wiese, Weide oder Rasen?

Was ist eigentlich eine Wiese? Wir erinnern die bunte Blütenpracht auf den Feldern aus den Zeiten unserer Kindheit. Aber war das, was wir sahen, bereits eine Wiese? Sind Wiesen das Ergebnis eines natürlichen Entwicklungsprozesses oder reines Menschenwerk? Und wichtig für den Gartenbesitzer: Ist es tatsächlich möglich, eine Wiese auf dem eigenen Grundstück zu schaffen und langfristig zu erhalten?

Arno DORMELS, Landschaftsarchitekt und Vegetationskundler aus Hinsbeck, Nordrhein-Westfalen, erklärt den Begriff »Wiese« heute so: »Wiesen können aus verschiedenen Pflanzengesellschaften bestehen, die sich aber vor allem durch eine geschlossene Gras-

Kopula des Hauhechel-Bläulings (*Polyommatus icarus*)

Philanthropisch

*Ein nervöser Mensch auf einer Wiese
wäre besser ohne sie daran;
darum seh' er, wie er ohne diese
(meistens mindstens) leben kann.*

*Kaum dass er gelegt sich auf die Gräser,
naht der Ameis, Heuschreck, Mück und Wurm,
naht der Tausendfuß und Ohrenbläser,
und der Hummel ruft zum Sturm.*

*Ein nervöser Mensch auf einer Wiese
tut drum besser, wieder aufzustehn
und dafür in andre Paradiese
(beispielshalber: weg) zu gehn.*

CHRISTIAN MORGENSTERN

Löwenzahn

*Löwenzahn ist schon seit jeher
als höchst kriegerisch verschrien,
denn er lässt bei gutem Winde
Fallschirmtruppen feindwärts ziehn.
Und ich sitz auf der Veranda
und verzehre meine Suppe
und entdecke in derselben
zwei Versprengte dieser Truppe.*

HEINZ ERHARDT

narbe auszeichnen. Es gibt zum Beispiel Glatthaferwiesen auf verhältnismäßig trockenem Standort oder Nass- und Feuchtwiesen. Aber egal nun, ob es sich um fette oder magere Standorte handelt: Es fehlen vor allem die Gehölze darauf.«

Dafür, dass das so bleibt, sorgt heute der Mensch. Früher haben große Weidegänger wie Hirsche, Wildrinder oder Elefanten auch in Europa dafür Sorge getragen. Gräser können die regelmäßige Beweidung vertragen, Gehölze nicht. Auch Biber (*Castor*) sorgen beispielsweise für die Ausbildung von natürlichen Wiesen. Wenn ein von Bibern aufgestauter See an einem Fließgewässer verlassen wird, bildet sich nicht selten ein Trockenareal nach Dammbruch aus, das über Jahrzehnte Wiese bleibt und nicht zum Wald wird. Insofern ist die Wiese als Lebensraum nicht neu und erst durch Menschen entstanden. Jedoch kann es leicht zur Unklarheit kommen, wenn man versucht, die Wiese von der Weide zu unterscheiden.

»Eine Weide nämlich«, sagt Dormels, »ist ein regelmäßig vom Vieh abgeweidetes, nicht gemähtes Grünland. Wiesen erfahren dagegen, so sie sich unter menschlicher Obhut befinden, einen ein- bis mehrmaligen Schnitt pro Jahr. Ganz im Gegenteil dazu wird ein Rasen, wie er im Garten oder an Sportstätten üblich ist, in relativ kurzen zeitlichen Abständen gemäht. Je

Nur scheinbar eine Wiese: Kornblumenacker mit Kornblume (*Centaurea cyanus*) und Acker-Hundskamille (*Anthemis arvensis*)

nach Nutzungsintensität können, auf Fußballplätzen beispielsweise, auch mehrere Schnitte pro Woche erfolgen.«

Wenn man sich für die Anlage einer »Naturwiese« entscheidet und bislang nur Kurzrasen hatte, heißt es, entweder eine Absprache mit den Nachbarn zu treffen oder ganz einfach Mut zu zeigen. Denn eine Wiese lebt und ihre Pflanzen produzieren Samen in großen Mengen, die sie unter anderem dem Wind anvertrauen – oft zum Unmut der Nachbarn. Nachdem ich beispielsweise als Jugendlicher meine Eltern davon überzeugen konnte, einige hundert Quadratmeter ehemaligen Kurzrasens in Wiese zu verwandeln, konnte ich fortan deren Arten in der ganzen Ortschaft wiederfinden.

Wiesen bestehen größenunabhängig. Sicher würde kein Mensch darauf kommen, schon beim Anblick von einem wenige Quadratmeter kleinen Grünfleck mit Gräsern und Kräutern von einer Wiese zu sprechen – doch handelt es sich eigentlich um nichts anderes. Dieser Umstand sollte jeden Gartenbesitzer im Entschluss zur Wiese bestärken, selbst wenn ihm nur wenig Fläche zur Verfügung steht.

Alte Familienfotos belegen, dass sich der Nutzungsanspruch der Gartenbesitzer innerhalb der letzten fünfzig Jahre in Deutschland deutlich gewandelt hat. Auf ihnen ist zu sehen, dass der reine Rasenanteil gegenüber dem Nutzgartenbereich mit seinen Gemüsebeeten, Beerensträuchern und Obstbäumen nur sehr gering ausfällt. In den 1960er-Jahren wurde das Thema Selbstversorgung noch großgeschrieben. Nachdem in den 70er- und 80er-Jahren der Erholungswert der Gärten im Vordergrund stand und infolgedessen die Größe der Rasenflächen zunahm, hat mittlerweile ein leichter Trend zur Umkehr eingesetzt: Die Menschen könnten allmählich erkennen, welchen

Wiesen-Margerite (*Leucanthemum vulgare* agg.) und Wiesen-Salbei (*Salvia pratensis*) sind tatsächlich Bestandteile einer Wiese, hier in voller Blüte.

Ampfer-Grünwidderchen (*Adscita statices*) auf Acker-Witwenblume (*Knautia arvensis*)

Wert die Erzeugnisse aus eigenem Anbau haben. Gärten setzen sich heute zumeist aus Teilen zusammen, die recht unterschiedlichen Epochen und Richtungen der Gartenkunst entspringen: Wir finden hier Elemente des »Englischen oder Landschaftsgartens« genauso wie Elemente im japanischen oder römischen Stil. – Welchen Stellenwert aber nimmt der Anteil der naturbelassenen Flächen darin ein?

Gerade scheinen erste Gartenbesitzer dabei zu sein, alte Obst- und Gemüsesorten und Elemente des »Bauerngartens« wieder oder neu für sich zu entdecken. Der Wille scheint da zu sein, doch hapert es oft an der Umsetzung, und beim Bestücken des Gartens wird meist noch darauf vertraut, Pflanzen im Baumarkt um die Ecke einzukaufen. Ökologisch richtig und nachhaltig sollte man sich stattdessen selber in der Vermehrung der Pflanzen üben. Zum anderen wäre es wichtig, nicht jede Ecke des Gartens aktiv zu gestalten, sondern manche Ecken einfach mal sich selbst zu überlassen. Oftmals ist es spannend zu beobachten, welche Pflanzen und Tiere sich dann darin ansiedeln. Wer sich für den Weg zum Naturgarten entschließt, dem stehen grundsätzlich drei Modelle zur Auswahl: Er kann

- mehrere Biotoptypen in einem Garten vereinen;
- sich auf einen Biotoptyp beschränken;
- oder eine Gemeinschaft von Gärten miteinander verzahnen und einen oder mehrere Biotoptypen darin ansiedeln.

Das häufigste Modell, das bislang von Gartenbesitzern gewählt wird, ist, mehrere Biotoptypen auf seinem Grundstück zu vereinen. Unabhängig von der Grundstücksgröße finden wir hier oft Wiese, Nutzgarten und Gartenteich dicht gedrängt beieinander. Wie wir schon erfahren haben, kommt der Übergang zweier oder mehrerer Lebensräume der Ar-

Oben:
Acker-Witwenblume (*Knautia arvensis*)

Links:
Kleiner Perlmutterfalter (*Issoria lathonia*) auf Wiesen-Flockenblume (*Centaurea jacea*)

tenvielfalt entgegen. Jedoch hat es seinen besonderen Reiz, sein ganzes Grundstück einem einzigen Thema wie etwa einer Wiese zu widmen. Dabei bestehen zahlreiche Möglichkeiten, Wege, Kurzrasen, selten und gar nicht gemähte Bereiche miteinander abwechseln zu lassen. Ein Kurzrasen für Spiel und Sport kann beispielsweise stufenweise in seinen sonnigen Randbereichen in immer seltener gemähte und höhere Bestände der Gräser und Wildkräuter übergehen anstelle einer harten Rasenkante, die direkt an einer Beeteinfassung endet.

Das dritte Modell bietet nicht nur von vornherein die Gelegenheit zum kommunikativen Miteinander mehrerer Gartenbesitzer, sondern setzt diese auch voraus. Wenn sich drei Parteien darüber einig werden können, an einem Strang zu ziehen, kann das helfen, untereinander Stress bezüglich Samenflug und Froschgequake zu vermeiden. Eine einzige Wiese oder ein einziges Gewässer über alle drei Grundstücke gezogen, stellt einen ganz eigenen Anreiz des Miteinanderlebens dar.

Schmetterlinge – Tagträumer und Blumenkinder

Wenn Zitronenfalter (*Gonepteryx rhamni*) auf dem erwärmten Hinterhof erscheinen, ist der Winter endgültig vorüber. Dem einen sind Schmetterlinge Frühlingsboten, dem anderen Gewissheit für den kommenden Sommer. Den meisten sind sie Sinnbild der Metamorphose, der Verwandlung und des Übergangs von einem Wesenszustand in den anderen. Die Griechen nannten sie gar »Psyche, Atem, Seele«. Vom »Schmetterlingseffekt« wird oft gesprochen, meint man die hohe Empfindsamkeit, die komplexen Systemen innewohnt, besonders in ihren Anfängen. Und gerade wenn es um das hochempfindliche Ökosystem der Erde geht, demonstriert dieser Begriff wie kein anderer die Verletzlichkeit des »Blauen Planeten«: Niemand weiß abzuschätzen, welche Wirkung auch nur von einem einzigen Flügelschlag eines Schmetterlings auszugehen vermag.

Die Namensgebung »Schmetterling« sowie ihre zahlreichen regionalen Bezeichnungen wie »Butterlecker« oder »Milchdiebe« beziehen sich auf die Eigenschaft vieler Arten, sich magisch von frisch geschlagener Butter anziehen zu lassen. Auch der Namensteil »Schmetter« kommt vom ostmitteldeutschen »Schmetten« und steht für »Schmand«. Das tschechische »Smetana« und das englische »butterfly« nehmen denselben Bezug. Im Mittelalter dachte man, sie seien mit Hexen im Bunde: Diese würden nach ihrer Verwandlung in einen schönen Schmetterling den Bauern nach dem Rahm trachten.

Mit inzwischen mehr als 180.000 weltweit beschriebenen Arten gehören die Schmetterlinge zu den artenreichsten Insektenordnungen. Für Deutschland sind etwa 3700 Arten bekannt. Die meisten davon gehören allerdings den für uns Menschen eher unscheinbaren Nachtfaltern an. Ihr Rückgang dürfte weit weniger auffällig sein als der der meist farbenkräftiger gezeichneten Tagfalter.

Das Tummeln von Dickköpfen (Hesperiidae), Schachbrett (*Melanargia galathea*) und Segelfalter (*Iphiclides podalirius*) auf einem letzten erhaltenen Kalkmagerrasen an einem einzigen hochsommerlichen Tag kann leicht über den dramatischen Rückgang ihrer einstigen Vielfalt und Häufigkeit hinwegtäuschen – genau wie die Versammlung am Sommerflieder im Garten. Schmetterlingen geht es schlecht dieser Tage. Auffälligstes Merkmal der Tagfalter sind ihre zwei Flügelpaare, die am Vorderkörper (*Thorax*) ansetzen. In der Regel ist das vordere Paar größer. Viele der Tagfalter besitzen auf ihren Flügeln auffällige Muster und Farben. Bekannt sind die Scheinaugen des Tagpfauenauges oder das Kontrastmuster aus Schwarz und Weiß des Großen Kohlweißlings (*Pieris brassicae*). Damit erfüllen sie so unterschiedliche Aufgaben wie Tarnung oder Warnsignal für Konkurrent und Beutegreifer. Über Jahrmillionen haben sich Schmetterlinge auf der Erde behaupten können – jetzt scheint ihnen der Mensch ihre Grenzen aufzuzeigen.

Zu den häufigsten Gründen ihrer Gefährdung zählen vor allem die Veränderungen der Landschaft, die Verkehrszunahme und der Einsatz von Gift und Dünger sowohl in der Landwirtschaft als auch auf privatem Grund im Kleinen.

Was oft mit der weiträumigen Veränderung in der Landschaft begann, setzt sich heute bis in die Gärten fort. Durch Spritzmitteleinsatz wurden entweder die Raupenfutterpflanzen und Nektarpflanzen der Falter abgetötet und sie dadurch in Mitleidenschaft gezogen. Oder aber die Eier, Raupen, Puppen und fertigen Schmetterlinge wurden und werden immer noch unmittelbar getötet. Außerdem verhilft Düngereinsatz vielen Pflanzen zu mehr Stärke und gibt den Arten das Nachsehen, die auf Nährstoffarmut eingestellt sind. Oder er vitalisiert die verbleibenden Pflanzen so, dass sie für die Schmetterlingsraupen ungeeignet sind. Der Umsatz der Garten- und Baumärkte an Giften gegen Ameisen, Blattläuse, Pilze und »Unkräuter« (die richtig »Wildkräuter« heißen müssen) sowie zahlreiche weitere Zielgruppen ist leider beträchtlich.

Die gezielte Bekämpfung mancher Wildkräuter auf Koppeln wie dem Jakobs-Greiskraut, das giftig für Pferde (*Equus*) ist, tut ihr Übriges. Für viele Schmetterlingsarten und auch einige wenige Raupen bedeutet diese Art eine wichtige oder auch die einzige Nahrungsquelle. Und die Umwandlung von einstigen Blumenwiesen in artenarme Futtergrasweiden ist allgegenwärtig. Am vorzeitigen Ende steht die allgemeine Artenarmut, von der auch die Schmetterlinge mittelbar oder unmittelbar betroffen sind.

Besonders schlimm wirkt sich die Gleichgültigkeit vieler Gartenbesitzer aus. Alljährlich werden Millionen von Euro in die Pflanzung von Eisbegonien (*Begonia* x *semperflorens-cultorum*) und Garten-Stiefmütterchen (*Viola* x *wittrockiana*) investiert, die nach ihrer Blüte wieder herausgerissen werden. Diese Pflanzen sind in der Regel stark mit Giften belastet. Außerdem wird für das Gedeihen dieser Arten die standortgerechte Vegetation beseitigt. Die Gartenbesitzer lassen sich über den Besuch der Tagfalter am Sommerflieder leicht darüber hinwegtäuschen, dass es im übrigen Garten gerade an den Pflanzen mangelt, an denen sich deren Raupen entwickeln können.

Eigentlich sind viele der Schmetterlingsarten geschützt – das Beseitigen beziehungsweise Verhindern des Aufkommens ihrer Futterpflanzen auf dem eigenen Grundstück bleibt allerdings ungeahndet. Wenn Wildbienen unbemerkt und unerkannt verschwinden, so ist das ein stiller und schleichender Prozess. Man müsste daher annehmen, dass der Verlust an Schmetterlingen auffälliger wäre, denn Schmetterlinge sind den meisten Menschen wohlvertraut. Doch fällt im Allgemeinen das nicht mehr auf, was nicht mehr da ist.

Was kann man also für Schmetterlinge im eigenen Garten tun? Ähnlich den Wildbienen gibt es unter den Schmetterlingen Generalisten wie Spezialisten. Einige von ihnen besuchen eine Vielzahl von Pflanzenfamilien, andere sind spezialisiert auf den Besuch nur weniger Pflanzenarten. Und genau wie den Spezialisten unter den Wildbienen wird ihnen diese Abhängigkeit zum Verhängnis.

Die einfachste Form des Schmetterlings- und Wildbienenschutzes wäre es daher, seinen Garten einfach einmal einen Monat, ein oder auch zwei Jahre ruhen zu lassen und nicht ständig Rasen und Gehölze zu kürzen und »Einwegpflanzen« nachzusetzen. Dennoch können wir darüber hinaus auch aktiv werden. Wir können beispielsweise Böschungen und Abbruchkanten auch im kleinen Maßstab schaffen. Wir können an manchen Stellen in Rasen und Wiese Schotter- und Sandflächen einbringen oder einfach nur die dichte Grasnarbe beseitigen. Wir können südlich ausgerichtete Rasen- und Wiesenflächen abschrägen, um trockenere Standorte zu schaffen. Wir können unterdessen das Aufkommen sogenannter »Unkräuter« auf solchen neu entstandenen Flächen akzeptieren üben. Wir können auf freien Flächen den Prozess der Wiederbesiedlung mit dem Einsäen von Wildpflanzen aus der näheren Umgebung aktiv unterstützen – was dann aufläuft, das läuft auf; das andere eben nicht. Auf alle Fälle können wir aber zukünftig darauf verzichten, jede Lücke im Rasen unbedingt mit dem Nachsäen von Zuchtrasen schließen zu wollen.

Kleiner Fuchs oder Nesselfalter (*Aglais urticae*) bei der Eiablage auf Großer Brennnessel (*Urtica dioica*)

Wir können an freien Stellen ruhig Wildkräuter und Wildgräser gewähren lassen, denn viele Schmetterlingsraupen sind in ihrer Ernährung auf Wildgräser angewiesen. Weiter können wir die abgestorbenen Stängel der Gartenstauden stehen lassen, anstatt sie bereits im Herbst desselben Jahres zu beseitigen. Wir können darauf verzichten, alles Fallobst fein säuberlich aufzusammeln. Wir können darauf verzichten, jeden Dachboden penibel zu isolieren, denn einige Falter und Wildbienen nehmen kühle Räumlichkeiten gern an, um darin zu überwintern. Wir können immer einige der Gemüsepflanzen wie Rhabarber (*Rheum rhabarbarum*) oder Rosenkohl (*Brassica oleracea* var. *gemmifera*) zur Blüte durchtreiben lassen, wie wir es ja auch beim Fenchel (*Foeniculum vulgare*) tun, um seine Saat zu nutzen. – Wir können darauf vertrauen, dass sich Natur selbst zu helfen weiß.

Es kann sehr, sehr spannend sein, eine Wiese mit ihren Bewohnern zu begleiten und ihre laufende Veränderung von Jahr zu Jahr zu beobachten. Mit ökologischer Behutsamkeit und biologischer Intelligenz können wir am Ende eine ganz neue Definition von »Schmetterlingseffekt« erzeugen.

Zitronenfalter (*Gonepteryx rhamni*) an Breitblättriger Platterbse (*Lathyrus latifolius*)

*Wahrlich ich sage euch:
Was ihr dem Geringsten meiner Brüder getan habt,
das habt ihr mir getan.*

MATTHÄUS 25,40

Raupen des Jakobs-
krautbären (*Tyria
jacobaeae*) am
Jakobs-Greiskraut
(*Senecio jacobaea*)

HECKEN

*Wie alles sich zum Ganzen webt,
Eins in dem andern wirkt und lebt!*

Johann Wolfgang von Goethe

Wildgehölze – Warum bevorzugt einheimische Arten?

Nichts ist unendlich. Irgendwo endet auch der größte Wald. Da auch der größte Garten einmal endet, kann man sich das natürliche Bild des Waldrandes zum Vorbild nehmen, sein Grundstück (möglichst naturnah) abzuschließen. Hecken sind vom Prinzip her Abbilder eines Waldrandes en miniature.

Hecken spiegeln in wunderbarer Weise den Verlauf der Jahreszeiten wider. Wenn in ihnen Schlehenbüsche stehen, zeigen diese den Frühling an lange bevor die Obstbaumblüte einsetzt. Früh fliegende Insektenarten wie Wildbienen und Schmetterlinge nutzen Schlehenblüten oft als erste (und manchmal auch einzige) Nahrungsquelle. Ebenfalls besonders zeitig erscheinen die Blütenkätzchen der Weidenbüsche. In ihnen kann man erste männliche Wildbienen auf Nektarsuche herumhangeln sehen. Schreitet das Frühjahr voran, beginnen andere Straucharten wie die Wildrosen- (*Rosa*), Holunder- (*Sambucus*) und Schneeball-Arten (*Viburnum*) zu blühen. Zum Zeitpunkt ihrer Blüte herrscht vielfältiges Leben in der Hecke und Umgebung. Nicht wenige Bienenarten haben dann bereits einen Teil ihres Lebenszyklus vollbracht. In Erdhöhlen, Käfergängen, Schneckenhäusern und weiteren Orten vollzieht sich jetzt die Reifung vom Ei über die Made zur Puppe, doch erst im folgenden Jahr erfolgt das Schlüpfen zum Vollinsekt (wenngleich auch einige Arten davon abweichen).

Im Spätsommer und Herbst reifen die meisten Früchte der unterschiedlichen Wildsträucher. Und sogar mitten im Winter noch trägt der Gewöhnliche Schneeball (*Viburnum opulus*) seine leuchtend roten Beeren. Viele der Früchte erweisen sich als wertvolle Nahrung für Vögel und Säugetiere. So sind am Ende Hecken und Solitärgehölze einheimischer Arten unverzichtbar für jeden Garten. Außerdem pflanzen sich die einheimischen Heckengehölze über ihre Früchte und Samen selbstständig oder unter Mithilfe der Tiere fort und liefern so das Material, aus dem die neuen Hecken sind.

Das Vorbild der Hecke findet sich im natürlichen Waldrand. Der Aufbau des Waldrandes sieht für gewöhnlich im Anschluss an die letzten hohen Bäume des Waldes den Waldmantel und den Waldsaum vor. Daran schließen sich Gesellschaften niedriger Vegetation an wie etwa die eines Staudensaumes oder einer Wiese.

Hecken sind genau wie Waldränder besondere Standorte. Sie gewährleisten Schutz vor Wind, Wetter und – im Falle des Gartens – dem Einblick durch Nachbarn. Sie weisen ein eigenes Mikroklima auf und unterscheiden sich deutlich in Lichtverhältnissen, Temperatur und Feuchtigkeit gegenüber der Umgebung. Außerdem besitzen sie eine Art »Dimmeffekt«: In ihnen können starke Temperaturschwankungen und Feuchtigkeitsverluste im Übergang zwischen Tag und Nacht oder den Jahreszeiten abgemildert und ausgeglichen werden. Aber Hecken wirken auch positiv weit in die offene Landschaft beziehungsweise in den übrigen Garten hinein: Denn sie sorgen für Erosions- und Verdunstungsschutz ebenso wie für eine vermehrte Taubildung und bieten ganz unterschiedlichen Tieren, die von hier aus ihre Ausflüge unternehmen, einen Schutzraum. Im Garten erfüllen Hecken weitere, nicht zu unterschätzende Zwecke: So dienen sie dem Immissions- und Lärmschutz und können – je nach Ausrichtung und Raumbildung – von psychologisch überaus günstiger Wirkung sein.

Die Hecke und ihre Kinder

Wesentliche Elemente der Hecken bilden die Sträucher. Der Heckentyp freier Räume weist typischerweise auch große Bäume wie Eichen (*Quercus*) und Birken (*Betula*) auf, die im größeren Abstand zueinander stehen. Alle Elemente der Hecke besitzen eine hohe Schnittverträglichkeit. Speziell in Norddeutschland werden die Hecken als »Knicks« bezeichnet, deren Gehölze in einem bestimmten zeitlichen Rhythmus geschnitten beziehungsweise auf den Stock gesetzt, also »geknickt« werden.

Am Waldrand folgen den hohen Bäumen in der Schicht darunter Kleinbäume und Großsträucher. Gern wird dieser Bereich auch als Waldmantel bezeichnet, da er den »Waldkörper« schützend umgibt. Der hierin vertretenen Arten bedienen wir uns bei der Heckenpflanzung im Garten. Denn im Mantel stehen für ge-

Deutsche Mispel (*Mespilus germanica*) – heute fast schon in Vergessenheit geratene Art, deren Früchte sich zum Verzehr zubereiten lassen

Viele Wildfrüchte sind essbar und hinterlassen ihre Spuren.

wöhnlich Hainbuche (Carpinus betulus), Wildrosen-, Weißdorn- (Crataegus) und Holunder-Arten, Liguster (Ligustrum vulgare), Rote Heckenkirsche (Lonicera xylosteum), Hasel, Berberitze (Berberis vulgaris), Besenginster (Cytisus scoparius), Europäisches Pfaffenhütchen (Euonymus europaeus), Blutroter Hartriegel (Cornus sanguinea), Schneeball- und zahlreiche andere Arten mehr versammelt und vereint.

Der Unterschied zwischen einer Hecke aus einheimischen, mitteleuropäischen Gehölzen und Vertretern ferner Regionen der Erde wird bei einem Blick in diese während des Frühjahrs offenkundig: Die Raupen verschiedener Gespinstmottenarten können auf den Gesichtern von Gartenbesitzern blankes Entsetzen erzeugen, wenn diese feststellen, dass einige ihrer Sträucher komplett eingesponnen und entlaubt sind. Vor allem Weißdorn, Traubenkirsche (Prunus padus), Faulbaum (Frangula alnus) und Pfaffenhütchen haben es den für das menschliche Auge eher unscheinbaren Motten zur Zeit der Eiablage angetan. Über einige Wochen wandern dann die geschlüpften Raupen im Schutze des Gespinstes umher, das schon die Jungraupen erzeugen, stets auf der Suche nach frischen Blättern. Dabei sind die verschiedenen Mottenarten mehr oder weniger auf bestimmte Gehölzarten in ihrer Ernährung und dementsprechend in ihrer Entwicklung angewiesen. Nachdem sich die künftigen Falter verpuppt haben, erholen sich die Pflanzen rasch wieder und treiben erneut aus. Der Mensch aber sah keineswegs nur das Schlechte in den Tierchen, sondern nahm das Phänomen des »Zeltbaues« zum Vorbild für seine eigene bionische Architektur – und so ist die Überdachung des alten Münchner Olympiastadions entstanden.

Am üblichen Baumarktensemble aus Kirschlorbeer (Prunus laurocerasus), Lebensbäumen (Thuja) und Scheinzypressen (Chamaecyparis) scheiden sich die »Mottengeister« und sind nur wenige weitere Insektenarten interessiert. Ohne nutzbare Insekten, Früchte oder Samen aber liegt der ökologische Wert einer solchen Hecke aus nicht standortgerechter Vegetation für Vögel und Säugetiere nahezu bei Null. Der Aufbau von Nahrungsketten wird bereits im Keim erstickt. Doch darf eines nicht vergessen werden: Keine der Arten hat ihre Daseinsberechtigung, nur weil sie anderen als Nahrung dient, sondern stets um ihrer selbst willen!

Dem natürlichen Vorbild des Waldes entsprechend folgt auch im Beispiel der Hecke dem Mantel der Saum. In allen Fällen bestehen diese Säume – ob die Hecke in der freien Landschaft steht oder im eigenen Garten – aus niedrigen und hohen Stauden, Gräsern und Farnen. Die abiotischen (Licht, Niederschlag, Exposition etc.) und biotischen Verhältnisse (zum Beispiel der vielfältige Einfluss durch Tiere) bestimmen darüber, welche Arten die Saumgesellschaft jeweils prägen. Auch den Waldsaum können wir im eigenen Garten imitieren beziehungsweise er wird sich am

Das Verpflanzen eines Haselsämlings (*Corylus avellana*)

Rande einer Hecke und im Übergang zum anschließenden Gartenelement automatisch ausbilden, wenn wir ihn nur lassen.

Eine reiche Auswahl sowohl neuer als auch altvertrauter Arten steht uns zur Verfügung, die sich – je nach Herkunft – flexibel in punkto Standortansprüche zeigen. Im Übergang zum einstigen Kurzrasen, der jetzt zumindest an seinen Rändern selten oder nicht gemäht wird, können sich innerhalb kürzester Zeit Mauerlattich (*Mycelis muralis*), Rainkohl (*Lapsana communis*) und Lauchkraut (*Alliaria petiolata*) einstellen. Nur wenige Jahre später können wir mit einer Gesellschaft aus dauerhafteren Stauden wie Schmalblättrigem Weidenröschen, Himbeere (*Rubus idaeus*) und Rainfarn rechnen. Das hängt natürlich immer wieder von den individuellen Standortbedingungen ab. Häufig führt der Weg erst einmal über Große Brennnessel und Brombeere (*Rubus* sectio *Rubus*) oder aber über Giersch (*Aegopodium podagraria*), Wiesenkerbel (*Anthriscus sylvestris*) und Gundermann (*Glechoma hederacea*). Aber auch einige beliebte Gartenformen wie die des südosteuropäischen Goldlackes (*Erysimum cheiri*) sind widerstandsfähig und ausbreitungsfreudig und kommen daher nicht selten an solchen Standorten vor.

Sofern die Hecke auf einer leichten Erhebung, einem kleinen Wall, steht, können darauf Frühlingsgeophyten und Bodendecker besonders gut gedeihen, da der Bodengrund – die Abbruchkante wie die sanfte Stiege – intensiver vom Sonnenlicht beschienen wird. Zeitig im Jahr und noch vor dem Laubaustrieb der Gehölze nutzen zahlreiche Arten wie Echtes Lungenkraut,

Zweiblättriger Blaustern und Hohler Lerchensporn die Wärme, und Teppiche aus Waldsauerklee (*Oxalis acetosella*), Buschwindröschen (*Anemone nemorosa*) und Waldmeister (*Galium odoratum*) überziehen das Erdreich.

Einzelne Stockwerke miteinander verbindende Elemente sind die Rank- und Kletterpflanzen. Vom Bodengrund aus erklimmen sie selbst luftigere Höhen und überspannen bald die gesamte Hecke. Immergrün-Arten (*Vinca*) und Pfennigkraut (*Lysimachia nummularia*) können im Untergrund beobachtet werden, Acker-Winde (*Convolvulus arvensis*) und Wicken (*Vicia*) in der Saumschicht davor, Bittersüßer Nachtschatten (*Solanum dulcamara*) und Brombeeren können sich mit ihren Trieben auch auf zwei Meter hohe Hecken legen, Zaunrüben (*Bryonia*) und Hopfen (*Humulus lupulus*) schaffen es noch deutlich höher hinaus und Jelängerjelieber (*Lonicera periclymenum*), Wein- (*Vitis*) und Waldreben (*Clematis*) erreichen bequem die Kronenschicht der Kleinbäume. Sie alle kann der Gipfelstürmer Efeu (*Hedera helix*) bei weitem überragen. Mittels Haftorganen verlässt er sein einstiges Schattendasein. Im Streben nach Licht klettert er an den Stämmen der Überhälter, der freistehenden Großbäume, empor, um nach Möglichkeit ein eigenes Kronendach aufzubauen.

Nicht zuletzt mit Hilfe der zahlreichen Ranker, Winder und Schrauber entsteht allmählich ein immer dichter werdendes Flechtwerk aus altem Laub, Lesesteinen, Abbruchkanten, freiliegendem Wurzelwerk, »Totholz«, Kräutern und Gehölzen. Von dieser Üppigkeit des Angebots profitieren Wildbienen und Schmetterlinge genauso wie Eidechsen, Spinnen, Käfer und viele Arten mehr. Hecken tragen ganz erheblich zum Artenreichtum in der Kultur- und Gartenlandschaft bei!

Gerade aber über die Verknüpfung einzelner Gartenelemente beziehungsweise Lebensraumtypen können wir – wie bereits angedeutet – eine überaus positive Wirkung erzielen, die wir in der Ökologie als »edge effect« bezeichnen und mit »Randeffekt« übersetzen können. Bezeichnenderweise steckt das Wort »edge« in der englischen Bezeichnung für Hecke – »hedge« – schon drin!

Die herkömmliche Vorstellung vom natürlichen Standort der Sträucher muss wohl etwas Erweiterung fin-

Sommerfrüchte – Blaubeere (*Vaccinium myrtillus*), Himbeere (*Rubus idaeus*) und Weiße Walderdbeere (*Fragaria vesca*)

den. Sträucher wuchsen sicherlich nicht nur auf innere und äußere natürliche Waldränder beschränkt – also entlang von Küsten, Flussufern und Mooren oder auf natürlichen Waldlichtungen. In der Idee von der artenreichen Eiszeit mit den ausgedehnten Mammutsteppen finden auch die Sträucher ihren Platz. Denn in den einstigen »Meeren aus Gras« existierten genügend Standorte, die Gehölzen ein Wachstum erlaubten. Dabei dürften sich die Arten besonders gut durchgesetzt haben, die sich gegen die vielen pflanzenessenden Tiere mittels Dornen, Stacheln und Giften zur Wehr setzen konnten. Selbst Mammuts (*Mammuthus*) werden es sich reiflich überlegt haben, ob sie durch einen Bestand aus Weißdorn wechseln oder diesen lieber umgehen. Es ist auffällig, wie enorm widerstandsfähig solche Sträucher auf den regelmäßigen Verbiss durch Säugetiere oder aber Insektenkalamitäten reagieren. Es scheint geradezu Wuchs und Fertilität bei ihnen zu fördern. Und auffällig ist es auch, wie viele Arten von Sträuchern attraktive Fruchtstände für mobile Tierarten ausbilden. Die Offenhaltung der eiszeitlichen Landschaft durch Weidegänger erwies sich als glücklicher Umstand und kam den Insekten- und Vogelarten zusätzlich entgegen, die für die Befruchtung sorgen oder vom reichen Fruchtansatz der Sträucher profitieren. Alles in allem begegnete uns die Eiszeit als zeitlicher Abschnitt mit großer Artenvielfalt unter besonderer Mitwirkung der Gehölze, die heute unsere Hecken stellen.

In dieser für Mitteleuropa so prägenden Epoche liegt vielleicht auch die Erklärung, warum das Interesse einheimischer Tiere an einheimischen Pflanzen so hoch ist. Auf dieser Grundlage ist unter Einbezug der Hecken als Element auch für Gärten eine nochmalige Vielfaltsteigerung im Sinne des »edge effect« festzustellen. Der »Reiz« für viele Arten an der Übergangszone verschiedener Garten- und Landschaftselemente liegt auf der Hand: Spinnen sind zum Beispiel in der Regel weniger mobil als beispielsweise Vögel. Sofern diese Spinnen zu den Arten gehören, die während ihrer Jungenaufzucht auf verschiedene Strukturen angewiesen sind, haben sie ein unbedingtes Interesse an der räumlichen Nähe verschiedener Lebensraumtypen zueinander.

Eine weitere Erklärung für die hohe Zahl der Arten, denen insbesondere der Übergang zwischen Hecke und Saumschicht ein Zuhause bietet, findet sich im Umstand, dass hier sowohl Arten des Wald- als auch des Offenlandes vorkommen. Dabei nutzen viele Vogelarten eine naturnahe Hecke ebenso wie einen Waldrand. Busch- und Heckenbrüter wie Grasmücken (*Sylvia*), Heckenbraunelle (*Prunella modularis*) und Bluthänfling (*Carduelis cannabina*) starten von hier aus ihre Nahrungssuchflüge nach außerhalb und kehren anschließend zurück. Viele weitere Tierarten der offenen Strukturen, wie Schmetterlinge und Heuschrecken, erhalten durch gesunde, strukturreiche Hecken- und Saumbereiche die Gelegenheit zum Rückzug bei Störungen.

Wildobst

Grundsätzlich gibt es zwei Methoden, eine Hecke fürs eigene Grundstück zu gewinnen. Entweder man pflanzt eine oder lässt die Gehölze gewähren, die von sich aus den Weg aufs Grundstück finden und bringt diese schon während dieser Phase in eine Linie – denn dadurch zeichnen sich ja Hecken aus.
Wildsträucher stellen sich bereits nach einer kurzen Phase von Brombeeren und Großer Brennnessel am gewählten Standort ein, doch in der Regel bleibt die Artenvielfalt einer solchen sich allmählich zur Hecke entwickelnden Einrichtung deutlich hinter der einer gepflanzten zurück – zumindest in den ersten Jahren –, denn durchs Pflanzen kann man von vornherein bestimmen, welche Arten man will. Im Gegensatz dazu ist die Artenvielfalt der sich entwickelnden Hecke meist abhängig von der vorhandenen Vielfalt der Umgebung.

Um eine Hecke zu pflanzen, stehen einem zahlreiche Arten zur Verfügung. Hier gibt es wiederum verschiedene Möglichkeiten der Beschaffung: Entweder man besorgt sich die Pflanzen aus der näheren Umgebung (gräbt sie also als Jungpflanzen aus) oder kauft sie in einer ökologisch betriebenen Baumschule, die außerdem auf die genetische Herkunft ihrer »Ware« achtet. Natürlich kann man auch die Aussaat und Aufzucht der zukünftigen Mitglieder der Heckengemeinschaft selbst in die Hand nehmen. So kann man sich wenigstens absolut sicher über die Herkunft der Pflanzen

Oben:
Sanddorn (*Hippo-phaë rhamnoides*)

Unten:
Holzbirne (*Pyrus pyraster*)

sein. Bei allen Unternehmungen ist stets darauf zu achten, dass man nicht gegen bestehendes Naturschutzrecht verstößt!

Viele der einheimischen Strauch- und Kleinbaumarten tragen Fruchtansatz, der auch Nutzen für den Menschen hat. Aufgeführt sind darum an dieser Stelle die Arten, die sich für eine Hecke eignen mit besonderer Priorität darauf, im weitesten Sinne einheimisch zu sein, doch nicht mit letzter Konsequenz.

Schwarzer Holunder (*Sambucus nigra*)

Herbstbild

Dies ist ein Herbsttag, wie ich keinen sah!
Die Luft ist still, als atmete man kaum,
und dennoch fallen raschelnd, fern und nah,
die schönsten Früchte ab von jedem Baum.

O stört sie nicht, die Feier der Natur!
Dies ist die Lese, die sie selber hält,
denn heute löst sich von den Zweigen nur,
was vor dem milden Strahl der Sonne fällt.

FRIEDRICH HEBBEL

Sträucher und Kleinbäume

Deutsch	Botanisch	Blütezeit ✿, Fruchttyp 🍎 und -reife: ☺ (essbar), ☠ (ungenießbar bis giftig)	Herkunft Mitteleuropa, sonst anders verzeichnet
Feldahorn, Maßholder	*Acer campestre*	✿ V–VI, 🍎 hellbraune, beflügelte Nuss IX	
Kupfer-Felsenbirne, Korinthenbaum	*Amelanchier lamarckii*	✿ IV, 🍎 blauschwarze, lang gestielte, kugelige Frucht in Trauben ☺ VI–VII	Ost-Nordamerika
Europäische Felsenbirne	*Amelanchier ovalis*	✿ IV–V, 🍎 blauschwarze, dicke, kugelige Apfelfrucht in Trauben ☺ VII–VIII	
Kahle Apfelbeere	*Aronia arbutifolia*	✿ V, 🍎 schwarze, erbsengroße Frucht in Trauben ☺ VIII–X	Ost-Nordamerika
Schwarze Apfelbeere	*Aronia melanocarpa*	✿ V, 🍎 schwarze, erbsengroße Frucht in Trauben ☺ VIII–X	Ost-Nordamerika
Berberitze, Sauerdorn	*Berberis vulgaris*	✿ IV–VI, 🍎 rote, längliche Frucht in Trauben ☺ VIII–X	
Buchsbaum	*Buxus sempervirens*	✿ III–V, 🍎 blaugrüne Kapselfrucht ☠ VIII–X	
Hain-, Weiß-, Hagebuche	*Carpinus betulus*	✿ IV–VI, 🍎 graubraune, beflügelte, einsamige Nuss VIII–IX	
Kornelkirsche, Herlitze	*Cornus mas*	✿ III–IV, 🍎 rote, oft paarig angeordnete Steinfrüchte ☺ VIII–IX	
Blutroter Hartriegel, Hornstrauch	*Cornus sanguinea*	✿ V–IV, 🍎 schwarze Steinfrucht ☺ (nur gekocht) VIII–IX	
Hasel	*Corylus avellana*	✿ I–III, 🍎 braune Nuss ☺ IX–X	
Zwergfelsenmispel	*Cotoneaster integerrimus*	✿ IV–V, 🍎 rote Apfelfrucht ☠ IX–XI	
Zweigriffeliger Weißdorn	*Crataegus laevigata*	✿ V, 🍎 rote Apfelfrucht ☺ VIII–IX	
Eingriffeliger Weißdorn	*Crataegus monogyna*	✿ V, 🍎 rote Apfelfrucht ☺ VIII–IX	

Deutsch	Botanisch	Blütezeit ✿, Fruchttyp 🍎 und -reife: ☺ (essbar), ☠ (ungenießbar bis giftig)	Herkunft Mitteleuropa, sonst anders verzeichnet
Besenginster	*Cytisus scoparius*	✿ V–VI, 🍎 graubraune Hülsenfrucht ☠ VIII–IX	
Echter Seidelbast, Kellerhals	*Daphne mezereum*	✿ II–III, 🍎 leuchtend rote, erbsengroße Frucht ☠ VIII–IX	
Europäisches Pfaffenhütchen, Spindelbaum	*Euonymus europaeus*	✿ V–VI, 🍎 purpurrosa bis orange, vierfächrige Kapselfrucht ☠ VIII–X	
Faulbaum	*Frangula alnus*	✿ V–IV, 🍎 schwarze, beerenartige Steinfrucht ☠ VII–IX	
Sanddorn	*Hippophaë rhamnoides*	✿ IV–V, 🍎 orange Schein-Steinfrucht ☺ VIII–XII	
Stechpalme	*Ilex aquifolium*	✿ V–IV, 🍎 rote Steinfrucht ☠ X–XII	
Liguster, Rainweide	*Ligustrum vulgare*	✿ II–III, 🍎 schwarze, kugelige Beerenfrucht ☠ IX–XI	
Rote Heckenkirsche	*Lonicera xylosteum*	✿ V–VI, 🍎 leuchtend rote, lang gestielte, paarig angeordnete Früchte ☠ VII	
Mahonie	*Mahonia aquifolium*	✿ III–VI, 🍎 purpurschwarze, bläulich bereifte Frucht ☠ VIII	West-Nordamerika
Holzapfel	*Malus sylvestris*	✿ IV–V, 🍎 gelbgrüne, runde Frucht ☺ IX–X	
Deutsche Mispel	*Mespilus germanica*	✿ V–VI, 🍎 bräunliche Apfelfrucht ☺ (zubereitet) X–XI	
Gagelstrauch	*Myrica gale*	✿ IV, 🍎 gelbgrüne Steinfrucht ☺ IX	
Vogel-, Süßkirsche	*Prunus avium*	✿ IV–V, 🍎 schwarzrote Steinfrucht ☺ VII–VIII	
Mirabelle, Gelbe Zwetschge	*Prunus domestica* subsp. *syriaca*	✿ IV–V, 🍎 kugelige, tief wachsgelbe Steinfrucht, oft mit rötlicher Punktierung ☺ VIII–IX	Kleinasien – Nord-Persien

Deutsch	Botanisch	Blütezeit ✿, Fruchttyp 🍎 und -reife: ☺ (essbar), ☠ (ungenießbar bis giftig)	Herkunft Mitteleuropa, sonst anders verzeichnet
Felsenkirsche, Steinweichsel	*Prunus mahaleb*	✿ IV–V, 🍎 dunkelrote bis schwarze Steinfrucht ☺ VII–VIII	
Gewöhnliche Trauben-, Ahlkirsche	*Prunus padus*	✿ IV–VI, 🍎 schwarze Steinfrucht ☺ VI–IX	
Schleh-, Schwarzdorn	*Prunus spinosa*	✿ III–IV, 🍎 blauschwarze Steinfrucht ☺ X–XII	
Holzbirne	*Pyrus pyraster*	✿ IV–V, 🍎 grüne, runde bis schwach birnenförmige Frucht ☺ IX–X	
Europäischer Feuerdorn	*Pyracantha coccinea*	✿ V–VI, 🍎 orange bis rote Apfelfrucht ☺ VIII–XII	
Purgier-Kreuzdorn	*Rhamnus cathartica*	✿ IV–VI, 🍎 schwarze Frucht ☠ IX–XI	
Stachelbeere	*Ribes uva-crispa*	✿ IV–V, 🍎 grüne, längliche Frucht mit kurzer, weicher, drüsenloser Behaarung ☺ VII–VIII	
Schwarze Johannisbeere	*Ribes nigrum*	✿ IV–V, 🍎 schwarze Frucht an Rispen ☺ VI–VIII	
Rote Johannisbeere	*Ribes rubrum*	✿ IV–V, 🍎 rote Frucht an Rispen ☺ VI–VIII	
Feld-, Wald-Rose	*Rosa arvensis*	✿ VI–VII, 🍎 rote Frucht an Rispen (Hagebutte) ☺ VIII–XII	
Hunds-, Hag-, Heckenrose	*Rosa canina*	✿ V–VI, 🍎 rote Frucht (Hagebutte) ☺ VIII–XII	
Essig-Rose	*Rosa gallica*	✿ VI, 🍎 rote Frucht (Hagebutte) ☺ X–XII	
Rotblatt-, Hecht-Rose	*Rosa glauca*	✿ V–VI, 🍎 rote Frucht (Hagebutte) ☺ VIII–XII	
Zimt-, Mai-Rose	*Rosa majalis*	✿ V–VI, 🍎 zimtartig rote Frucht (Hagebutte) ☺ X–XII	

Deutsch	Botanisch	Blütezeit ✿, Fruchttyp 🍎 und -reife: ☺ (essbar), ☠ (ungenießbar bis giftig)	Herkunft Mitteleuropa, sonst anders verzeichnet
Vielblütige, Rispen-, Polyantha-Rose	*Rosa multiflora*	✿ VI–VII, 🍎 rote Frucht (Hagebutte) ☺ IX–XII	Ostasien
Wein-, Zaun-Rose	*Rosa rubiginosa*	✿ VI, 🍎 rote Frucht (Hagebutte) ☺ IX–XII	
Kartoffel-Rose	*Rosa rugosa*	✿ VI–IX, 🍎 rote Frucht (Hagebutte) ☺ IX–XII	Ostasien (Japan)
Bibernell-, Dünen-Rose	*Rosa spinosissima*	✿ V–VI, 🍎 schwarze Frucht (Hagebutte) ☺ IX–XII	
Apfel-Rose	*Rosa villosa*	✿ VI–VII, 🍎 rote Frucht (Hagebutte) ☺ IX–XII	
Eberesche	*Sorbus aucuparia*	✿ V–VI, 🍎 korallenrote Frucht an Rispen ☠ VIII–IX	

Mirabelle (*Prunus domestica* subsp. *syriaca*)

*Wenn ich ein Vöglein wär,
und auch zwei Flügel hätt,
flög ich zu dir;
weil's aber nicht kann sein
bleib ich allhier.*

ACHIM VON ARNIM

Rotkehlchen (*Erithacus rubecula*) bei der »Gartenarbeit«

Vögel – Die Spatzen meines Großvaters

Wenn mein Großvater auf der Terrasse saß, einen schönen Vorsommertag genoss und sich all der Farben und am Gesang der Vögel erfreute, dann störte ihn nur eines: das laute »Getschilpe« der Spatzen (*Passer domesticus*). Ein großer Trupp von ihnen saß direkt unterhalb der Terrasse in der Hecke, die noch nicht einmal aus standortgerechten Arten bestand, sondern aus Forsythie (*Forsythia*) und Weigelie (*Weigela*), als das »Uisch!!!« des Großvaters die Spatzen zur Ruhe rief. Es tat zwar seine Wirkung, doch nie für lange Zeit. Es waren die »frechen Spatzen« oder Haussperlinge, die die Nutzgärten jener Tage genug Nahrung, auf den unasphaltierten Wegen ideale Sandbäder und unter den sanierungsbedürftigen Dächern Brutraum finden ließen. Die besondere Lautstärke der Spatzen übertönte jede Form des Verdachts, dass es bald mit ihnen zu Ende gehen würde.

Die genaue Herkunft der Spatzen ist unbekannt. Sie sollen aus dem Mittleren Osten stammen und sich bereits während der Altsteinzeit dem Menschen beziehungsweise seinen Haustieren angeschlossen haben. So sollen sie auch den Droschken, Pferden und nicht zuletzt den Pferdeäpfeln in die mitteleuropäischen Städte gefolgt sein und nicht den Menschen selbst. Denn der Dung der Rösser bietet viel schlecht Verdautes und somit Nahrung im Überfluss für den, der etwas damit anfangen kann. Ob nicht aber der eine oder andere Spatz auch bereits während der langen Epoche der Eiszeit Mitteleuropa besiedelte und von Mammut, Wildpferd & Co profitierte, weiß niemand so genau. Der berühmte »Dreckspatz« ist von Natur aus ebenso gesellig wie der »Vogel mit dem Spatzenhirn« und der sprichwörtliche »Spatz in der Hand«, der angeblich mehr zählt als die Taube auf dem Dach. Gruppen von bis zu zwanzig Individuen sieht man bei der gemeinsamen Nahrungssuche wie beim gemeinsamen Sandbad. Die enorme Anpassungsfähigkeit und heute nahezu

Ein seltener Gast im alten Obstbaumbestand des Gartens: ein Küken der Waldohreule (*Asio otus*)

Links:
Seidenschwänze (*Bombycilla garrulus*) profitieren noch Anfang Mai von lagerfähigen Äpfeln, bevor sie Deutschland als Zugvögel wieder verlassen.

Rechts:
Für den Jungstar (*Sturnus vulgaris*) sind weiche Birnen interessant.

weltweite Verbreitung des Spatzes täuschen dabei über den dramatischen Bestandsrückgang in Deutschland hinweg. Längst fehlen die Pferde in der Stadt – und damit eine wichtige Nahrungsquelle für die Spatzen. Doch mangelt es auch an Brutmöglichkeiten, da die meisten Dächer inzwischen saniert wurden. Und es fehlt an Ruderalstellen, an denen sich Sämereien finden lassen und wo der Körperpflege und dem sozialen Miteinander nachgegangen werden kann. Daher sind inzwischen die Rufe der Spatzen in der Hecke und die des Großvaters längst und nachhaltig verstummt. Ich wollte, die Spatzen würden wieder »stören« und mein Großvater sich darüber aufregen – dann hätte ich beides zurück.

Für viele Heckenpflanzen spielen Vögel eine wichtige Rolle in der Verbreitung ihrer Samen. Im Fruchtfleisch der Vogelbeerenfrüchte (*Sorbus aucuparia*) beispielsweise wirken keimhemmende Inhaltsstoffe, die über die Passage des Vogeldarms abgebaut werden.

Amseln, die von den Beeren des Schwarzen Holunders kosten, setzen sich oft auf liegendes »Totholz« und Lattenzäune. Dort, wo sie »aufbaumen«, koten sie auch. Nachdem die Holunderbeeren ihre hemmenden Stoffe nach Darmpassage verloren haben, werden sie über den Kot mit ausgeschieden und können an geeigneter Stelle gut geschützt keimen und aufwachsen. Die Kombination aus Hecke, Saum und Wiese garantiert vielen Vogelarten ein abwechslungsreiches Nahrungsangebot. Das ist auch notwendig, denn viele Arten ernähren ihren Nachwuchs mit eiweißreicher Insektenkost, obwohl sie als Erwachsene streng vegetarisch leben. Hier bieten vor allem die Saumgesellschaften viele Insekten und zahlreiche Wildkräuter mit gehaltvollen Sämereien. Darüber hinaus bieten natürlich strukturreiche Hecken bessere Verstecke und Brutmöglichkeiten als Hecken, die gerade geschnitten sind und auch noch zu allem Überfluss aus nicht einheimischen Pflanzen bestehen.

TROCKEN-
RÄUME

Es ist paradox: Im Urlaub erbaut sich der Mitteleuropäer am verträumten Dörfchen in Griechenland oder auf Korsika, schwärmt vom unverfälschten Wildwuchs des Wegrandes, fotografiert begeistert zerfallenes, überwuchertes Gemäuer, Eidechsen und ungeordnete Blütenpracht. Zu Hause aber, im eigenen Garten, rückt er mit Richtschnur und Schneckengift der Natur zu Leibe.
Horst Stern

Links: Salbei (*Salvia*) gibt es in zahlreichen Arten und Sorten; er eignet sich für warme und trockene Standorte.

Rechts: Thymian (*Thymus*) und Oregano (*Oreganum vulgare*) gedeihen besonders gut in Mauerfugen.

Mauern, Kies und Lesesteine

Ein Stückchen Urlaubsland nach Hause holen – wer will das nicht? Gerade mauerbetonte Gärten helfen einen solchen Eindruck zu vermitteln. »Trockenmauern« werden aus Natursteinen – behauene Steine, Quader und Steinplatten – und ohne künstliche Bindemittel wie Beton (Mischung aus Kies und Zement) »trocken« aufgeschichtet. Möglich ist auch die Variante mit Lehm, bei der dieser mit Wasser und grobem Strohhäcksel angerührt und zwischen den Fugen verstrichen wird. »Lesesteinmauern« werden im Allgemeinen aus unbehauenen, »aufgelesenen« Steinen zusammengetragen. »Ursprünglich«, so der Gärtner Guido ROSCHLAUB aus Pinneberg in Schleswig-Holstein, »trug man diese Mauern nur zusammen, um die Äcker frei von Steinen zu bekommen. Später dann dienten Mauern zur Abgrenzung von Flur- und Grundstücken. Im Laufe der Jahre erhöhte sich der Zierwert der Mauer, aber es sollte noch lange dauern, bis man begann darüber nachzudenken, welchen ökologischen Wert Mauern haben.«

Bei ihrer Bepflanzung sollte auf allzu standortfremde Arten und vor allem gezüchtete Sorten verzichtet werden. Wiederum gilt die Regel, dass sich vor allem die Insektenarten auf die einheimischen Wildformen besser eingestellt haben als auf Exoten. Es existieren zahlreiche indigene, nicht weniger attraktive Pflanzenarten, die sich nach und nach auf und in bereitgestelltem Mauerwerk ansiedeln oder gezielt gepflanzt werden können.

Wir dürfen bei allem, was wir tun, auf die Kraft der ursprünglichen, ungezüchteten Arten vertrauen. Und ganz sicher dürfen wir bei der Auswahl der Mauerpflanzen auch auf Pflanzen aus dem mediterranen Raum zurückgreifen, ohne gleich die Grenzen der »Floraverfälschung« zu überschreiten: Denn wir wissen nicht komplett, welche Arten in der Mammutsteppe vorkamen und welche Arten auch ohne den Einfluss des Menschen bis heute wieder nach Mitteleuropa zurückgekehrt wären.

Wir schlagen »zwei Fliegen mit einer Klappe«, wenn wir Pflanzen mit hohem Zier- und gleichzeitigem Nutzwert in, vor und auf die Natursteinmauer setzen. So eignen sich besonders gut sogenannte »Küchenkräuter« wie Salbei-, Bohnenkraut- (*Satureja*), und Thymian-Arten (*Thymus*) sowie Zitronenmelisse (*Melissa officinalis*) und Rosmarin (*Rosmarinus officinalis*), um warme, sonnenexponierte Mauerseiten und -kronen zu bestücken. Um die Erkenntnis der Zusammenhänge zwischen Pflanze und Umwelt zu »untermauern«, sei folgendes kuriose Beispiel erzählt. In den Fugen einer Ufermauer des Alsterlaufes in Hamburg siedelten bereits seit Jahrzehnten Mauerrauten (*Asplenium ruta-muraria*) und andere Farnarten. Wahrscheinlich waren sie einem benachbarten Anzuchtgarten »entrückt«. Vor einigen Jahren machte dann der Botaniker Hans-Helmut POPPENDIECK die ungewöhnliche Entdeckung, dass die Mauerrauten ihr Verbreitungsgebiet auf eine etwa zwei Kilometer entfernte Gefängnismauer erweiterten: »Das dortige Vorkommen dürfte das umfangreichste im norddeutschen Flachland gewesen sein. Auf einer Länge von rund 300 Metern kamen weit mehr als 10.000 Individuen vor. Zugleich dürfte es sich um einen der bestbewachten Standorte gehandelt haben.«

Oben und unten: Blauraute (*Perovskia*) und Heiligenblume (*Santolina chamaecyparissus*) ertragen Trockenheit. Derselbe Standort ist einmal im Sommer zu sehen, ein anderes Mal im Winter.

Links:
Hybrid-Katzenminze (*Nepeta* x *faassenii*) und Färberkamille (*Anthemis tinctoria*) umschmeicheln eine niedrige Sandsteinmauer.

Rechts: Waldeidechsen (*Zootoca viviparia*) zweier Generationen beim Sonnenbaden

*Das Leben kommt auf alle Fälle aus einer Zelle.
Doch manchmal endet's auch – bei Strolchen! – in einer solchen.*

Heinz Erhardt

Die Mauerraute ist vor allem auf den natürlichen Felsen in den deutschen Mittelgebirgen und Alpen verbreitet. Weiter nördlich weicht sie aufgrund des Mangels an natürlichen Gelegenheiten in der Regel auf anthropogene Ersatzbiotope wie etwa Fugen von Kirchen- und anderen Gemäuern aus. Das Hamburger Gefängnis besitzt eine Ziegelmauer, die vor allem an ihrer Nordseite lange Zeit renovierungsbedürftig erschien. Absonnige Standortverhältnisse und alte Mauerwerke kommen diesem Farntyp entgegen. Der Regen, die Schadstoffbelastung aus der Luft und die Zeit fördern die Verwitterung des Mörtels und machen nach und nach den Kalk für die Mauerrauten nutzbar.

Wenn jetzt ein vegetationskundlich geschulter Mensch im Gefängnis eingesessen hätte, der um den Umstand wüsste, dass *Asplenium ruta-muraria* erst dann Mauern besiedelt, wenn diese stark geschädigt sind, er hätte gewusst, an welcher Stelle zu graben es sich lohnte. Mittlerweile jedoch sind fast alle Farne wegsaniert. Bekannt ist der Verlust an Feuchträumen, nicht so aber der von Lebensräumen, die sich vor allem durch Trockenheit auszeichnen. Früher begleiteten Wanderdünen lange Strecken großer Ströme. Und auch durch Wanderhirtentum und Allmende wurden Flächen in großem Maßstab offen und trocken gehalten, wovon zahlreiche Arten wie beispielsweise

Lesesteinhaufen nehmen leicht kleine Fans aller Art für sich ein.

Orchideen (*Orchidaceae*) profitierten. Inzwischen sind Hutewälder, Wanderdünen und Heiden nur noch in Resten vorhanden.

Eines der Geheimnisse, warum solche Standorte so attraktiv sind, liegt in ihrer Mobilität und der der sie besiedelnden Arten. Offene Standorte, auch die durch den Menschen beeinflussten Ruderalstandorte, entstehen stets aufs Neue. Die Pioniere müssen sie ausfindig machen und für einige Zeit besetzen, aber auch rechtzeitig auf ihre allmähliche Veränderung reagieren können. Denn in der Regel wachsen solche Offenräume nach einigen Jahren wieder mit Gehölzen zu. Diese Dynamik werden Gärten kaum bieten können – und seien sie noch so großzügig bemessen. Wir setzen daher auf Komprimierung. Eine gute Gelegenheit hierfür bieten Trockenmauern als »verdichtete Ersatzbiotope« im kleineren Maßstab. Trockenmauern zeichnen sich im Besonderen durch ihr Mikroklima und ihre zahlreichen Unterschlupfmöglichkeiten für Tiere aus: Je spezieller der Standort, desto spezieller auch seine Tier- und Pflanzenwelt!

Die Bepflanzung, das Aussäen der »richtigen« Auswahl von Pflanzen oder das Warten auf selbstständige Besiedlung kommt Wildbienen, Schmetterlingen und zahlreichen anderen Organismen zugute. Tripmadam (*Sedum reflexum*), Scharfer Mauerpfeffer (*Sedum acre*) und Donnerwurz (*Sempervivum tectorum*), Hybrid-Katzenminze (*Nepeta* x *faassenii*) und Färberkamille (*Anthemis tinctoria*), Wollziest (*Stachys byzantina*) und Echtes Herzgespann, Weidenblättriger Alant und Ruprechts-Storchschnabel (*Geranium robertianum*), auf der Mauerkrone sitzend, aus dem

Wilde Karde (*Dipsacus fullonum*) bekommt Besuch: Wenn man den ausgestreckten Rüssel der Ackerhummel (*Bombus pascuorum*) beachtet, weiß man, dass sie nach einem Plan vorgeht ...

Mauerwerk hervorlugend und dem Mauerfuß vorstehend, sind dabei besonders attraktiv für Wildbienen. Auch die Frühblüher wie Kleine Perlhyazinthe (*Muscari botryoides*), Scharbockskraut (*Ranunculus ficaria*) und Schöllkraut haben ihre besondere Fangemeinde unter den Insekten.

Dazu noch einmal Guido Roschlaub: »Sicher kann man den Lebensraum Trockenmauer unterstützen, indem man den Standort zuvor großzügig auskoffert, mit Sand auffüllt, mit einer einige Zentimeter starken Schicht aus Kies oder Splitt abdeckt und schließlich die Mauer darauf setzt. Denn wir verändern dadurch Mikroklima und Unterschlupfmöglichkeiten für Tiere und dieses Vorgehen führt zweifelsfrei zur Verbesserung der Lebensbedingungen für viele Arten, doch bleibt am Ende die Frage nach der Notwendigkeit. Bei genauer Beobachtung können wir nämlich feststellen, dass die gleichen Arten die Mauer besiedeln, wenn wir auf eine Unterfütterung des Mauerwerks verzichtet und darauf vertraut haben, dieses mit dem anstehenden Boden zu hinterfüllen. Ohnedies wählt man den trockensten, sonnenexponiertesten Standort für eine solche Anlage. Allerdings ist auch die Wirkung einer Mauer an feuchtem Standort für den Amphibienschutz nicht zu unterschätzen.«

Lehm und Reet

Lehm ist ein Gemisch aus den drei Bodenarten Sand, Schluff und Ton, die sich durch ihre jeweilige Korngröße voneinander unterscheiden. Der Interessierte kann bereits mittels »Fingerprobe« schätzen, um welche Bodenart es sich handelt, ob beispielsweise Sandkörner deutlich zu fühlen sind oder die Probe knetbar ist. Jede Bodenart zeichnet sich durch bestimmte Eigenschaften aus: Lehm besticht durch seine hohe Nährstoffnachlieferung, Schadstoffakkumulation und Wasserkapazität. Lehm ist aber auch das im Bauwesen älteste bekannte Bindemittel. Wird Lehm im Garten verwendet oder ist der Boden ohnehin lehmhaltig, profitieren die Gemeine Schornsteinwespe (*Odynerus spinipes*) und zahlreiche Wildbienen davon. Sie nutzen ihn als Baustoff für ihre Nester. Und mit Lehm verfugte menschliche Gebäude und Mauern können von zahlreichen Hautflüglern (*Hymenoptera*) wie Wildbienen und Wespen besiedelt werden.

Der Besuch auf dem Landsitz des Biologie-Professors a.D. Jakob Parzefall zeigt eindrucksvoll, welche Möglichkeiten bestehen, Wildbienen auf unkomplizierte Weise ein Zuhause zu geben und welches Hobby daraus erwachsen kann. Das mehrere hundert Jahre alte niedersächsische Fachwerkhaus ist mit Lehm verfugt. Parzefall waren die zahlreichen Wildbienen aufgefallen, die Mauerfugen und auch Reetdach anflogen. Um mehr über sie zu erfahren, nahm er sich die Zeit, die Aktivitäten der Wildbienen mit Foto- und Videotechnik zu dokumentieren. Zusätzlich wurden kurzfristig Fangbehälter aus Glas und Kunststoff vor den Nesteingängen befestigt, um ausfliegende Tiere zu markieren. Dazu holte Parzefall eine Sondergenehmigung ein, da alle Wildbienenarten unter Naturschutz stehen. Mittels der nummerierten Opalith- und

Entstehen einer Trockenmauer mit Lehmhinterfüllung

»Biberhaufen« aus alten Ästen bieten zahlreichen Lebewesen einen trockenbetonten Lebensraum.

farbigen Kunststoffplättchen aus dem Imkerfachhandel konnte es nun gelingen, die einzelnen Bienen voneinander zu unterscheiden. Im Laufe des Jahres konnten so viele Arten und Individuen gezielt beobachtet werden. Parzefall: »Die Zahl der festgestellten Arten wird sich bei einer Fortsetzung der Untersuchungen sicher noch erhöhen.«

Auch das Reetdach bietet nicht nur Scheren- (*Chelostoma*) und Mauerbienen (*Osmia* u.a.) eine ideale Wohnstatt. Reet ist ein idealer Baustoff mit besonderen baubiologischen Eigenschaften, die seinen menschlichen Untermietern nützen und zum wunderschönen Ambiente beitragen. Dabei handelt es sich eigentlich um nichts anderes als Schilfrohr, also jenes Gras, das bevorzugt an der Westseite größerer Gewässer steht und unter anderem als natürliche »Kläranlage« die Funktion der Reinhaltung von Feuchtbiotopen übernimmt. Mit Reet begann man bereits in der Steinzeit, Gebäude abzudecken. Es isoliert gegen Wärme im Sommer und gegen Kälte im Winter. Als erneuerbare Ressource wächst es ständig nach und ist andererseits später wieder problemlos kompostierbar. Seine Haltbarkeit ist von verschiedenen Faktoren abhängig wie zum Beispiel Neigungswinkel und Hinterlüftung des Daches, Einbaufeuchte, Pflege und Wartung, Herkunft und Klima- und Wetterverhältnisse zum Zeitpunkt des Wachstums des Schilfrohres. Über Jahrhunderte hat sich Reet als Baustoff für den Menschen bewährt. Inzwischen sind aber reetgedeckte Häuser zu einem kostspieligen Unternehmen geworden, da aufgrund der erhöhten Brandgefahr die Prämien für Feuerversicherungen teuer geworden sind.

»Totholz«, »Biberhaufen«, »Stachelritterburgen«

Es mangelt nicht an Bäumen in Deutschland – die aktuelle Zählung für das Jahr 2010 hat 35 Milliarden »erwachsene« Individuen ergeben – aber an alten Bäumen und an stehendem, trockenem, höhlenreichem »Totholz«! Wer einen Waldspaziergang macht und auf einen der heute meist nur inselartig verbreiteten Altholzbestände trifft, dem wird schon aufgefallen sein, dass sich dort das Leben in besonderer Gabe konzentriert. Nicht anders ist es im Garten: Sobald alte Zaunpfähle, Obstbäume, Reisighaufen, aber auch künstliche Nisthilfen oder marodes Mauerwerk zur Verfügung stehen, tummeln sich dort mehr Lebewesen als nebenan.

Propagiert soll keinesfalls werden, Haus, Hof und Garten verfallen zu lassen, die Hände in den Schoß zu legen und der erwachenden Artenvielfalt in ihrem bunten Treiben tatenlos zuzuschauen. Natürlich sind Gärten auch »Teillebensraum« des Menschen. Und als solcher sollten sie über die Frage erhaben sein, ob wir es uns leisten können, einen Teil den natürlichen Alterungsprozessen zu überlassen – denn wir können es! Seltsamerweise wird in der Fachwelt von »Totholz« gesprochen, wenn es darum geht, einen der lebendigsten Abschnitte in Garten und Landschaft zu beschreiben. Zu seinen Lebzeiten versucht sich jeder Baum so gut wie möglich gegen das Eindringen fremder Organismen mit Giften, Harzen, Dornen etc. zu schützen. Daher ist die Zahl derer, denen es gelingt, eher gering. Doch mit zunehmendem Alter und im Falle einer Erkrankung sinkt seine Abwehrkraft, und Pilze und Insekten beginnen mit der Besiedlung des Holzes. Natürliche Bohrlöcher wie die von Käfern und Spechten finden schnell ihre Nachnutzer. Trotz allem sind und bleiben Höhlungen von Natur aus knapp bemessen und heiß begehrt.

Während im Wald Spechte, Pilze und Fäulnisprozesse »Altbauwohnungen« und »Mietsbäume« herrichten und über große Höhlen Raum für Eulen, Tauben, Fledermäuse und andere Nachmieter bieten, können wir im Garten mit wenigen Handgriffen Lebensräume »trockenlegen« und verbessern helfen. Wichtig ist es zunächst, Strukturen zu schaffen – vor allem in bislang zu sehr aufgeräumten Gärten. Künstliche Nisthilfen allein sind dabei kaum eine Lösung, und es mutet wie Ironie an, wenn an einem stark beschnittenen Obstbaum moderner Sortenwahl ein einsamer Nistkasten hängt: So wie die Raupen der Schmetterlinge, die den Sommerflieder anfliegen, irgendwo Nahrung finden müssen, so müssen auch die Vögel und ihre Jungen außerhalb der zur Verfügung gestellten Nisthilfen Nahrung finden können. Wir müssen uns darüber im Klaren sein: Baumchirurgie vernichtet – im ländlichen wie im städtischen Raum – wertvollen Lebensraum! Und besonders Wildbienen haben unter übertriebenem menschlichen Ordnungssinn stark zu leiden! Mit jedem alten abgesägten Ast können Hunderte von Käferlöchern und Wildbienenbrutstätten auf einmal verloren gehen, besonders wenn diese anschließend in den Schredder wandern. Und seien wir ehrlich: Bei Übernahme eines neuen Grundstücks sind es oft die alten Obstbäume, die zuerst fallen, zumindest aber ihrer starken Seitenäste beraubt werden.

Wir schaffen Lebensraum für Höhlenbrüter im eigenen Garten, indem wir trockenes Holz stehen lassen – Obstbäume besitzen sehr hartes Holz und bleiben daher oft lange stehen, nachdem sie abgestorben sind. Während allmählich Jahr für Jahr immer stärkere Äste sich vom Stamme lösen und zur Erde fallen, sammeln wir diese und schichten sie zu einem lockeren Haufen auf, einem »Biberhaufen«, der uns an Behausung und Bauwerk der Großnager erinnert. Diese Haufen werden schnell zum Mittelpunkt verschiedener Tiere und Pflanzen: Igel (*Erinaceus europaeus*) – die Stachelritter – wählen darunter ihr Sommer- und Winterquartier und machen »Stachelritterburgen« daraus, Wildbienen siedeln im trockenen Holz und die Zaunwinde (*Calystegia sepium*) legt im Sommer ihre blütenreichen Ranken darüber. Oft treiben aber auch Birn- (*Pyrus*) und Pflaumenbaum (*Prunus domestica*) unterhalb der Veredelungsstelle wieder aus und bilden wenige Jahre später neue, beeindruckend früchtereiche Wildbäume, während der tote Stamm des ehemaligen veredelten Obstbaumes darüber thront und Spechten und Käfern und in Folge Kleinvögeln und Wildbienen Brut- und Nahrungsräume bietet.

Hier wird schnell klar: Diese Vorgehensweise ist für Gartenbesitzer im herkömmlichen Sinne gewöhnungsbedürftig und setzt eine neue Idealfindung voraus: Mit dem gleichen Stolz, mit dem sie bislang die erste Rhododendronblüte (*Rhododendron*) im Jahr präsentierten, dürfen sie zukünftig auf »Totholz«, »Biberhaufen« und »Stachelritterburgen« zeigen!!!

Säugetiere – Brüder im Geiste

Der Mensch teilt mit vielen Wesen seinen Garten – ob er will oder nicht. Darunter befindet sich auch eine Handvoll Wesen aus seiner eigenen Verwandtschaft: Gemeint ist die Klasse der Säugetiere (*Mammalia*), der er selbst angehört. Nun sind Säugetiere von Natur aus wesentlich artenärmer vertreten als beispielsweise Insekten: Weltweit leben knapp 4800, deutschlandweit etwa 100 Arten – im Gegensatz zu den Insekten mit global weit über 1 Million Arten (von den Populationszahlen ganz zu schweigen). Hinzu kommt noch, dass die Säuger unseres Gartens entweder dämmerungs- und nachtaktiv sind (wie Igel, Steinmarder *Martes foina* und Langschwanzmäuse *Muridae*), im Untergrund arbeiten (wie Wühlmäuse *Arvicolinae*, Spitzmäuse *Soricidae* und Maulwurf *Talpa europaea*) oder den Luft- und Kronenraum hoch oben über unseren Köpfen bewohnen (wie Eichhörnchen *Sciurus vulgaris*, Haselmaus *Muscardinus avellanarius* und Fledermäuse *Microchiroptera*), so dass am Ende meist nur Spuren und Laute von ihnen wahrzunehmen sind und wir sie selten direkt zu sehen bekommen.

Die Spuren, die sie hinterlassen, werden vom Besitzer des herkömmlichen Gartens meist als ärgerlich empfunden, und er würde alles dafür tun, um Maulwürfe samt ihrer Hügel vom Erdball zu verbannen. Eine kuriose Diskussion entbrannte, als sich anlässlich eines Artenschutztages hauptsächlich Gartenbesitzer im Axel-Springer-Haus in Hamburg trafen. Experten, Journalisten und Gartenbesitzer diskutierten

Drei Waschbärenwelpen (*Procyon lotor*) auf Erkundungstour im Freiland

Igel (*Erinaceus europaeus*)

zwei geschlagene Stunden lang über ihre »Probleme« mit Rehen (*Capreolus capreolus*), Steinmardern und Maulwürfen. Der Tonfall schwappte zwischen ernst und heiter auf und ab, doch blieb er stets impulsiv geladen. Endlich erhob sich ein einzelner Mann und trug sein Anliegen fast eingeschüchtert vor: »Sie alle diskutieren, wie sie Tiere aus dem eigenen Garten und vom Dachboden loswerden können. Ich wäre froh, in ihrer Situation zu stecken und möchte eigentlich nur wissen, wie man Maulwürfe und andere Tiere in den Garten bekommt ...«. Erst trat ein langes, nachdenkliches Schweigen ein, dann brach ein lautes Gelächter los. Offensichtlich hatten die meisten jetzt erkannt, dass sie am eigentlichen Thema vorbeigeredet hatten. Für Menschen, die Freude an Tierbeobachtungen haben, bestehen verschiedene Wahrnehmungshilfen. Die meisten Laute der Fledermäuse zum Beispiel sind für das menschliche Ohr nicht wahrnehmbar. Der sogenannte »Bat Detektor« kann da Abhilfe schaffen: Das kleine Gerät übersetzt die Ultraschalllaute in für uns hörbare Frequenzbereiche, so dass wir feststellen können, dass die Tiere über uns fliegen, ohne sie zu sehen. Fledermäuse kommen in den unterschiedlichsten Bereichen des Gartens vor. Als Wohnquartier und Wochenstube genügen einigen Arten Fensterläden, Türrahmen und Dachziegel. Vorgefertigte Fledermaus- und Vogelnistkästen werden auch gern angenommen. Baum- und Strauchbestände sowie offene Wasserflächen sorgen durch ihren Insektenreichtum für gute Jagdreviere.

Es kann spannend sein, sich mit den Fußspuren und Nahrungsresten von Säugetieren zu befassen und sich allmählich zum Experten und Spurenleser zu entwickeln. Eine Haselnuss wird beispielsweise ganz unterschiedlich von einem Eichhörnchen, einer Waldmaus (*Apodemus sylvaticus*) oder einer Haselmaus geöffnet.

Und die Fußspur eines Steinmarders im Schnee unterscheidet sich deutlich von der eines Wildkaninchens (*Oryctolagus cuniculus*).

Säugetiere sind außerdem mehr in der Lage als alle anderen Tierklassen, das Angesicht des Gartens nachhaltig zu verändern (wenn man einmal von der Bestäubungstätigkeit der Wildbienen und ihren »Fruchtfolgen«, von der Samenverbreitung durch Vögel sowie vom »Hungerbild« absieht, das manche Insektenkalamitäten hinterlassen). Nage- (*Rodentia*), Hasen- (*Lagomorpha*) und Huftiere (*Ungulata*) sind fähig, Sträucher, Stauden und Rasen kurz zu halten. Eichhörnchen, Rötel- (*Clethrionomys glareolus*) und Waldmäuse haben die Angewohnheit, mehr Haselnüsse, Eicheln und sonstige Früchte zu verstecken als sie hinterher wiederfinden, so dass diese keimen können. Und: Abgetragene Maulwurfshügel und unbewohnte Mausegänge hinterlassen oft Löcher, die von Hummelköniginnen zum Nestbau genutzt werden.

Oben:
Großer Abendsegler (*Nyctalus noctula*)

Unten:
Eichhörnchen (*Sciurus vulgaris*)

FEUCHT-RÄUME

Der Fischer

*Das Wasser rauscht', das Wasser schwoll,
ein Fischer saß daran,
sah nach dem Angel ruhevoll,
kühl bis ans Herz hinan.
Und wie er sitzt und wie er lauscht,
teilt sich die Flut empor;
aus dem bewegten Wasser rauscht
ein feuchtes Weib hervor.*

*Sie sang zu ihm, sie sprach zu ihm:
»Was lockst du meine Brut
mit Menschenwitz und Menschenlist
hinauf in Todesglut?
Ach, wüßtest du, wie's Fischlein ist
so wohlig auf dem Grund,
du stiegst herunter, wie du bist,
und würdest erst gesund.*

*Labt sich die liebe Sonne nicht,
der Mond sich nicht im Meer?
Kehrt wellenatmend ihr Gesicht
nicht doppelt schöner her?
Lockt dich der tiefe Himmel nicht,
das feuchtverklärte Blau?
Lockt dich dein eigen Angesicht
nicht her in ewgen Tau?«*

*Das Wasser rauscht', das Wasser schwoll,
netzt' ihm den nackten Fuß;
sein Herz wuchs ihm so sehnsuchtsvoll
wie bei der Liebsten Gruß.
Sie sprach zu ihm, sie sang zu ihm;
Da wars um ihn geschehn:
halb zog sie ihn, halb sank er hin,
und ward nicht mehr gesehn.*

JOHANN WOLFGANG VON GOETHE

Laubfrosch (*Hyla arborea*) – der »Promi« unter den einheimischen Amphibien

Weiher, Tümpel oder Teich?

Über Laubfrösche (*Hyla arborea*) könnte man die Farbe Grün erklären. Außerdem besitzen sie je Körperseite einen dunklen Strich, der bis über die tiefschwarzen, geheimnisvollen Augen reicht, sowie angedeutete Schwimmhäute und Saugnäpfe an allen Fingern und Zehen. Ihre Schallblasen erzeugen Töne, die an das harte Aneinanderreiben von gezähnten Holzwinden erinnern. Und obwohl ihre Art zu den kleinsten zählt, gehört sie doch zu den lautstärksten ihrer Zunft. An manch einem Gewässer der Bundesrepublik finden sich an einem warmen Aprilabend Laubfroschmänner ein. Viele Männer ergeben ein ohrenbetäubendes *Concerto grosso* und helfen, den Ort in ein wahres »Amphitheater« zu verwandeln. Der Laubfrosch ist zugleich der einzige »Baumfrosch« und »Promi« unter den einheimischen Amphibien: Er ist es, dem es gelingen sollte, als »Froschkönig« den Stuhl der »Königstochter Jüngsten« zu erklimmen und neben ihr Platz zu nehmen; und er ist es auch, der über Jahrzehnte die Leiter im Einmachglas zu steigen hatte, um als angeblicher »Wetterfrosch« ein nahendes Hoch anzuzeigen. Tatsächlich steigen besonders Jungfrösche dieser Art bei Sonnenschein auf der Jagd nach Insekten in die Höhe. Sein persönliches »Tief« vermochte er jedoch nicht zu verhindern: Früher laut und stark verbreitet an allen mitteleuropäischen Gewässern, die auch nur halbwegs seinen Vorstellungen entsprachen, bedrohen heute die Umstrukturierung der Landschaft, Entwässerungsmaßnahmen und der hohe Einsatz von Giften und Düngern die Art und ihren Lebensraum.

Die Ansiedlung des Laubfrosches im eigenen Garten ist kompliziert und könnte leicht zum Nachbarschaftsstreit führen: Denn seine Rufe sind über viele hundert Meter zu hören bei einer Lautstärke, die noch aus 50 Zentimetern Entfernung einen Messwert von knapp 90 Dezibel erreicht. Laubfrösche sind wanderfreudig, und es zieht sie in der Regel fort von kleineren Konglomeraten hin zu größeren. Leichter scheint es dagegen zu sein, »Allerweltsarten« wie Grasfrosch (*Rana temporaria*), Erdkröte (*Bufo bufo*-Komplex) und Teichmolch (*Lissotriton vulgaris*) zur Ansiedlung an einem neu entstandenen Gewässer zu animieren – je nachdem, was die Umgebung bereits vorgibt. Wasser verströmt eine ganz eigene Faszination und Anziehungskraft auf seine Betrachter und Nutzer – in der freien Landschaft und ganz besonders im eigenen Garten. Aber woher wissen wir, welchen Typ eines Gewässers wir vor uns haben?

Laut Definition handelt es sich bei einem *See* um ein natürliches *Stillgewässer*, das über eine ausreichende Tiefe verfügt, die eine Temperaturschichtung erlaubt. Seen können dabei eine sehr unterschiedliche Größe, Tiefe und Entstehungsgeschichte haben: Der Bodensee beispielsweise ist mit 5,36 Quadratkilometern bei einer Tiefe von 254 Metern der zugleich größte und tiefste von ihnen in Deutschland. Im Gegensatz dazu zeichnen sich *Flachgewässer* vor allem dadurch aus, dass sie flach genug sind, um über die gesamte Fläche ihres Grundes Wasser- und Schwimmblattpflanzen Fuß fassen zu lassen. Flachgewässer werden noch einmal darin unterschieden, ob sie ständig Wasser führen (*Weiher*) oder periodisch austrocknen (*Tümpel*). Bei *Teichen* handelt es sich um von Menschen angelegte Gewässer, deren Wasserstand künstlich regulierbar ist. (Allerdings sprechen wir auch bei von Bibern angelegten und regulierten Gewässern von einer *Teichlandschaft*.) Zusätzlich wird eine größenabhängige Unterscheidung getroffen: Seen und Weiher sollen danach mehr als 1 Hektar, Tümpel, Teiche und *Kleinweiher* zwischen 1 Quadratmeter und 1 Hektar und *Kleinstgewässer* schließlich weniger als 1 Quadratmeter messen.

Teich mit Flutendem Wasserhahnenfuß (*Ranunculus fluitans*)

Links:
Brücken – als idyllisches und gleichsam belebendes Element.

Rechts: »Kleiner Wasserdrache« aus Eis

Außerdem existieren zahlreiche regionale Ausdrücke für die verschiedenen Wasseransammlungen. Der Wunsch nach dem garteneigenen »Stillgewässer« (an dem es ironischerweise laut zugehen kann) – also einem »Teich« – und seine Neuanlage werfen viele Fragen auf. Es ist kaum zu erklären, warum zum Beispiel der Naturfreund mit ökologisch durchdachtem Teich manchmal leer ausgeht, während der Nachbar sein Glück kaum fassen kann, da die Erdkröten in seinen schnöden Koikarpfenteich lange Schnüre laichen. Die Sylter Landschaftsarchitektin Satina ENGELS empfiehlt besonders den jahreszeitlich abgestimmten Umgang mit Gewässern: »Man sollte die Gewässerpflege – wie Entfernung von Wasserpflanzen oder Rückschnitt der Ufervegetation – nicht vor Mai angehen in Rücksicht auf die Laichpakete der Amphibien.« Gerade das Beispiel Sylt zeigt, dass ein extremer Standort nicht nur von Spezialisten besiedelt werden kann, sondern auch von Opportunisten wie dem Grasfrosch. Und auch für das Festland gilt: Arten wie dem Fadenmolch (*Lissotriton helveticus*) reichen oft Radspuren, in denen Pfützen stehen. Doch fernab ihrer letzten Bestände kann man nicht mit ihnen rechnen, selbst wenn wir unseren Garten großzügig mit Radspuren überziehen würden.

Das Schweizer »Urgestein« und der Nestor der Naturgartenbewegung Urs SCHWARZ forderte bereits 1980: »Es ist ein Gebot der Stunde, neue Nassstandorte zu schaffen.« Ursprünglich wies Deutschland zahlreiche Standorte feuchter Prägung auf wie etwa Hoch- und Niedermoore, Auen, Bruchwälder, Sümpfe, Seen, Bachläufe oder Hangquellen – alle diese Standorte zusammengenommen machten etwa ein Drittel der Gesamtfläche aus. Kein Wunder also, wenn früher einmal an die 3000 auf Feuchtigkeit angewiesene Pflanzenarten in ganz Mitteleuropa existierten. Die Zeiten üppig bewachsener Hechtgräben, glasklarer, nährstoffarmer Seen sowie zahlreicher weiterer von Wasser geprägter Landschaften scheinen vorüber und mit ihnen sind Wasser-Lobelie (*Lobelia dortmanna*), Europäischer Strandling (*Littorella uniflora*) und Wassernuss (*Trapa natans*), Flussperlmuschel (*Margaritifera margaritifera*), Großer Kolbenwasserkäfer (*Hydrous piceus*) und Edelkrebs (*Astacus astacus*) an den meisten Orten verschwunden.

Moderner Naturschutz sollte keinesfalls staatlichen Einrichtungen vorbehalten sein. Notwendiger denn je erscheinen Ausgleichsmaßnahmen zu den Schäden und Verlusten in der freien Landschaft wie in den Städten über die Anlage von Naturgärten – insbesondere durch die Schaffung neuer Gewässer, und sei es zunächst in Form eines noch so kleinen. Doch wie gut auch immer ein Naturgarten am Ende geraten mag, es wäre wohl beim besten Willen an keinem Morgen ein Elch (*Alces alces*) an der Tränke vor der Veranda zu erwarten ...

Schwimmteiche

Viele Gartenbesitzer wünschen eine Wasserfläche, die auch für sie selbst nutzbar ist. Und was könnte schöner sein, als an einem heißen Sommertag in die Fluten des eigenen Gartenteiches zu steigen, zwischen den Fischlein und Teichmummeln (*Nuphar luteum*) zu tauchen und dabei nicht das übliche Chlor eines Swimmingpools in den Augen zu verspüren?

Die Einrichtung eines »Schwimmteiches« oder »Naturpools« liegt im Trend. Neben der Faszination, die von Wasser in jeder Form ausgeht, sind aber die Schwierigkeiten unbedingt zu erwähnen, die im Umgang mit diesem Element entstehen können. Wenn wir bezüglich des Erfolgs unsere Erwartungen auf ein angemessenes Maß gebracht haben, stehen wir gleich zu Beginn vor der Entscheidung zwischen einem Kautschuk- oder PVC-Folienteich oder einer Tonabdichtung

Links:
Schwimmteich
mit Steg

Rechts:
Wasserknöterich
(*Persicaria amphibia*)

des Grundes. Zum einen ist es eine Entscheidung zum Wohle des Umweltschutzes, zum anderen der Geldbörse: Kautschuk ist »umweltfreundlicher« als PVC, jedoch auch erheblich teurer. Nach den genauen Preisen muss man sich im Fachhandel vor der Tür erkundigen. Erfolg und Scheitern des Unternehmens Schwimmteich sind von einer Vielzahl unterschiedlicher Faktoren abhängig wie Standortwahl, Kostenkalkulation, Bauweise, Erdarbeiten, Abdichtung, Klärtechnik, Kenntnis biologischer und chemisch-physikalischer Vorgänge im Teich, Pflanzenwahl und -wachstum sowie die grundsätzliche Erwartungshaltung.

»Wasser hat keine Balken!«, lautet ein altes Sprichwort. Bei allen Unternehmungen bezüglich Teichbau hat selbstverständlich die Sicherheit von Kleinkindern oberste Priorität: Wasserflächen – egal welcher Art, Größe und Tiefe – stellen eine potenzielle Gefahr für Kleinkinder dar! Es gibt verschiedene Maßnahmen zur Unfallvermeidung (Zaun, Abdeckgitter etc.) – oder es heißt ganz einfach abzuwarten, bis die eigenen Kinder und die der Nachbarn groß genug und dem Hauptrisikoalter (zwischen dem ersten und sechsten Lebensjahr) entwachsen sind.

Das Besondere am Umgang mit einem Schwimmteich ist unter anderem das Vertrauen in seine eigene »Selbstreinigungskraft« anstelle der Wasseraufbereitung mittels chemischer Zusatzstoffe. Zugunsten des »biologischen Gleichgewichtes« wird der Schwimm-

Krebsschere oder Wasseraloe (*Stratiotes aloides*) sinken über den Gewässergrund ab, um im Frühjahr wieder an die Wasseroberfläche aufzusteigen (hier mit etwas Hilfe).

teich in der Regel in eine »Schwimmzone« und eine sogenannte »Filter- oder Regenerationszone« unterteilt. Die Reinigungskraft wird hauptsächlich durch Stoffwechselvorgänge von Bakterien gemanagt, die sich im Wurzelwerk der Pflanzen ansiedeln. Eigentlich sollten keine Fische in den Schwimmteich eingesetzt werden, die zusätzliches Futter benötigen; in der Regel siedeln sich jedoch Kleinfische wie Moderlieschen (*Leucaspius delineatus*), Gründling (*Gobio gobio*) und Dreistachliger Stichling (*Gasterosteus aculeatus*) über den Besuch von Wasservögeln und den Eintrag des Laiches über deren Füße und Gefieder an. Dabei erstaunen Hartnäckigkeit und Langlebigkeit des Fischlaiches (ebenso wie die des Amphibienlaiches) keineswegs, wenn man sich vorstellt, dass dieser sonst die oftmals langen Strecken von einem zum nächsten Pioniergewässer nie lebend überstehen würde.

Den Formen und Tiefen sowie Gestaltungselementen des Wunschteiches sind eigentlich wenig Grenzen gesetzt, jedoch sollte man »ungewöhnliche« großbauliche Entscheidungen nicht ohne Absprache mit der zuständigen Baubehörde (und eventuell auch den Nachbarn) treffen. Wenn auch der Pflegeaufwand bei einem funktionierenden Schwimmteich deutlich geringer ausfällt als bei einem herkömmlichen Swimmingpool, so fallen doch regelmäßige Wartungsarbeiten bezüglich der Technik, Wasserstandsprüfung und der Pflanzenpflege an. Ein Teil des absterbenden Pflanzenmaterials muss entfernt werden, und es ist von vornherein darauf zu achten, dass ein Kapillareffekt unterbunden wird, indem man den Folienrand überstehen lässt – große Wasserverluste werden so vermieden.

Selbst »normale«, kleine, flache und dennoch gut gesicherte Gartenteiche weisen in der Regel rasch eine Vielzahl von Organismen auf wie Rückenschwimmer (*Notonectidae*), Taumelkäfer (*Gyrinidae*), Libellen- (*Odonata*) und Köcherfliegenlarven (*Trichoptera*). Dagegen ist mit einer schnellen und selbstständigen Besiedlung durch »echte« Wasserpflanzen nicht mehr zu rechnen, da die heutigen natürlichen Gewässer in der Umgebung meist verarmt sind. Dennoch ist unbedingt davon abzuraten, seinen Teich mit dem ausgelagerten Bestand des Nachbarteiches zu überladen. Stattdessen sollte man sich in Ruhe und Geduld üben und mit wenigen Pflanzen beginnen – es sei denn, die Pflanzen sollen ab sofort die Klärfunktion im Typ Schwimmteich übernehmen. Naturschutzverbände und ökologisch bedachte Gärtnereien verfügen über ein entsprechendes Verkaufsangebot einheimischer Wasserpflanzen. Sollte man dennoch nicht widerstehen können, Wildpflanzen, und sei es auch nur in Teilen, vom Spaziergang mit heimzuführen, ist streng auf die Naturschutzverordnung zu achten, da die ohnehin schwächelnden Bestände in der freien Landschaft nicht noch zusätzlich dezimiert werden sollen. Es spricht aber nichts dagegen, Saat und Ableger einmal erworbener einheimischer Wasserpflanzen an den Nachbarn weiterzureichen und so allmählich ein Netz des sensiblen Austausches und Miteinanders aufzubauen.

Ökologisch funktionierende Teiche sind keine reinen Mückengewässer, sondern Garant für einen hohen Beobachtungs- und Erlebniswert, besonders für Kinder. Wohl dem, dessen Grundstück bereits über einen entsprechend hohen Grundwasserstand oder ein natürliches *Fließgewässer* verfügt. Ob Strom- und Wasserrechnung am Ende eines Jahres hoch geraten, liegt letztendlich auch an der gewählten Gartenform! Und so kann jeder Abend am eigenen Schwimmteich zum Genuss werden!

Knoblauchkröte
(Pelobates fuscus)

Amphibien – Von kleinen Wasserdrachen und verwunschenen Prinzen

Zahlreiche Gegenspieler – u.a. die Amphibien, zu denen die Schwanzlurche *Caudata* (wie Echte Salamander und Molche *Salamandridae*) und Froschlurche *Anura* (wie Unken *Bombinatoridae*, Geburtshelferkröten *Alytidae*, Kröten *Bufonidae*, Laubfrösche *Hylidae* und Echte Frösche *Ranidae*) zählen – können die Zahl der Mückenlarven klein halten und uns dabei helfen, einen Abend am künstlich angelegten Gewässer zum wirklichen Vergnügen werden zu lassen. Außerdem lässt sich an vielen Amphibienarten als Bioindikator hervorragend die Qualität der Biotopverbunde aufzeigen, da sie im Laufe ihrer Metamorphose vom Laich über die Quappe zum fertigen Lurch verschiedene Lebensräume benötigen. Die Ansprüche der einzelnen Arten können aber diesbezüglich sehr unterschiedlich ausfallen.

Dass vielen Arten heute Garten und Landschaft kaum noch ausreichend geeigneten Lebensraum bieten, verdeutlichen die rückläufigen Bestandszahlen. Die Zerschneidung der Landschaft durch zunehmendes Verkehrsaufkommen und verändertes Fahrverhalten sowie Straßengullys fordern unter den Amphibien große Opfer. Ihre Haut lässt sie besonders sensibel auf hohe Gift- und Düngerbelastung (gerade auch der Gewässer) reagieren. Von den knapp zwanzig Arten in Deutschland ist gut die Hälfte in ihrem Bestand gefährdet. Dieser Trend setzt sich international fort.

Oben und unten: Wechselkröten (*Bufo viridis*-Komplex) bei der Balz und im Zustand der Umklammerung (Amplexus)

Was müssen Gewässer erfüllen, um für das Vorkommen von Amphibien geeignet zu sein? Sauberkeit und Gelegenheit zum Ablaichen in Form von Wasserpflanzen sind offensichtlich keine ausreichenden Kriterien wie das Beispiel der Erdkröten im Koiteich zeigt. Die Kröten und ihr Nachwuchs scheinen hier positiv auf das vermehrte Algenwachstum als Folge der Verunreinigung durch Futter und Kot zu reagieren. Viele Aquarianer wissen zudem von der Gunst des Nährstoffreichtums für bestimmte Lebewesen – so gedeihen beispielsweise besonders reiche Wasserflohbestände (*Daphnia pulex*) an ufernahen Stellen, an denen sich das Weidevieh entleert. Aquarianer nutzen ihr Wissen, um explizit an diesen Stellen käschern zu gehen. Ein Teil der Amphibien ernährt sich ebenfalls von Tieren wie *Daphnia*. An solchen nährstoffreichen Gewässern fallen Nördliche Kammmolche (*Triturus cristatus*) durch ihre besondere Körpergröße und Bestandsstärke auf. Vom für das Weidevieh freien Zugang der Gewässer profitieren Pflanzen wie der Portulak (*Portulaca oleracea*), da die meisten anderen Pflanzen auf die Wärme und den Tritt durch scharfe Tierhufe eher zurückhaltend reagieren – nicht so der Portulak: Er wird durch diese konkurrenzminimierenden Umstände und die gute Nährstoffversorgung in seiner Vermehrung unterstützt. Während Unken die dünnen Stängel des Flutenden Wasserhahnenfußes (*Ranunculus fluitans*) und Knoblauchkröten (*Pelobates fuscus*) die etwas dickeren der Weidensämlinge zur individuellen Eiablage bevorzugen, demonstrieren Fadenmolche in den Radspuren ohne Wasserpflanzen aber deutlich, dass altes Laub für sie vollkommen ausreichend ist.

Die Bezeichnung »Amphibien« steht für »auf beiden Seiten zu Hause sein« in Kombination mit »Doppelleben führend«. Genauso wichtig für das Vorkommen der meisten Amphibien wie das Gewässer selbst erscheint das nähere und weitere Umfeld. Die bevorzugten Aufenthaltsorte außerhalb des Wassers müssen nicht unmittelbar am Teich liegen. Viele Amphibienarten können weite Wanderungen zu ihren Laichgewässern und wieder zurück unternehmen. Daher ist die weitere Gartengestaltung außerhalb des Teiches zugunsten von Wildwuchs mittels einheimischer Pflanzen von ganz entscheidender Bedeutung. Wichtig ist vor allem die Schaffung und anschließende Duldung abwechslungsreicher Strukturen, um den Ansprüchen verschiedener Amphibien gerecht zu werden.

Rechts:
Seltener Gast am großzügig angelegten Gartenteich: Die Wasserralle (*Rallus aquaticus*) vor einer Schilfkante (*Phragmites australis*), dem Material, das im feuchten Milieu für die ökologische Verwendung im trockenen wachsen kann

Links:
Höckerschwäne (*Cygnus olor*) beim Landeanflug

NUTZ-
GARTEN-
BEREICH

*»Man soll nie zuschauen. Man soll mittun,
Zeuge sein und Verantwortung tragen.«*
Antoine de Saint-Exupéry

Reetgedecktes Haus und Bauerngarten

Es muss nicht immer Buchsbaum sein

Tomaten (*Solanum lycopersicum*) sind ganz sicher nicht einheimisch zu nennen. Selbst wenn sie inzwischen, über die Abwässer eingetragen, das Ufergestade manch großen Flusses in Deutschland begleiten, stammen sie dennoch aus Amerika. Das Gleiche gilt für Sonnenblumen (*Helianthus annuus*) und Kartoffeln (*Solanum tuberosum*), Zucchini und Gartenkürbis (beide *Cucurbita pepo*). Kein anderes Gartenelement verdeutlicht wie der traditionelle *Bauerngarten*, dass wir uns in der Pflanzenwahl auch der nicht indigenen Arten bedienen dürfen, ohne die ökologisch-nachhaltige Ideologie zu verletzen.

Zur Thematik der Ökologie und Nachhaltigkeit gehört auch ein Stück weit die Selbstversorgung. Zwar gibt es nicht wenige *Heil-, Gemüse-* und *Salatpflanzen* aus einheimischen Gefilden, doch wer wollte auf Tomaten-, Gartenbohnen- (*Phaseolus vulgaris*), Gurken- (*Cucumis sativa*), Kürbis- und Kartoffelsorten aus dem eigenen Anbau verzichten, wenn er die Möglichkeit dazu hat? Dennoch sind einheimische Wildpflanzen wie Giersch, Echter Kerbel (*Anthriscus cerefolium*) und Schmalblättriges Weidenröschen mehr als ein bloßer Ersatz für Echten Spinat (*Spinacia oleracea*) und Kopfsalat (*Lactuca sativa*). Von dem Aroma und Vitamingehalt von Bärlauch (*Allium ursinum*), Thymian und Walderdbeere (*Fragaria vesca*) braucht man sicherlich niemanden mehr zu überzeugen – und auch diese Pflanzen sind einheimisch. Einen funktionierenden Naturgarten kann man eben auch daran erkennen, wie gut die Küche ist, die aus ihm hervorgeht. In seiner modernen Ausprägung besitzt der Bauerngarten Elemente sowohl aus den herkömmlichen Bauergärten als auch aus den altehrwürdigen Kloster- und Schlossgärten und stellt somit eine gute Mischung aus *Nutz-* und *Ziergarten* dar. Ganz wesentliche Elemente bilden darin *Wegführung, Recycling* und *Beeteinfassung*.

Die Wege darin müssen nicht immer nur geometrisch korrekt verlaufen; sie dürfen auch geschwungen sein, und es darf auf das typische, dem Klostergarten entliehene Wegekreuz ruhig verzichtet werden. Je umfangreicher allerdings der Bauerngartenanteil ist, desto leichter ergeben sich Wegekreuze und T-Stücke. Die jeweilige Wegbreite kann – je nach Geschmack – variabel ausfallen, und die Beläge können zwischen Häcksel, Kies, Sand und natürlich anstehendem Erdboden wechseln. Aus dem Rückschnitt der Hecken gewonnener Häcksel kann ebenso dem Wegebau zugeführt werden wie dem Kompost. Beläge in der Kombination aus Kies und Häcksel können einerseits reizvoll für das menschliche Auge sein, andererseits aber auch Kleintieren Lebensraum bieten. Bei der Entscheidung zugunsten des Kieses ist zu bedenken, dass der Weg fortan nicht mehr leise zu betreten ist – viele Menschen lieben es gerade, den blanken Boden mit ihren Füßen zu berühren. Auf wenig frequentierten Wegen können aber auch *Bodendecker* wie Kleines Habichtskraut (*Hieracium pilosella*), Gänsefingerkraut (*Potentilla anserina*) oder Kriechendes Fingerkraut (*Potentilla reptans*) gedeihen – zumindest in deren Randbereichen.

Die Kompostanlage als Recyclingsystem darf gern als ein sichtbarer Teil in den Bauerngarten integriert sein und muss keineswegs ein verstecktes Dasein im hintersten Winkel des Grundstücks fristen. Bewährt hat sich die Einfassung aus Naturstein. Empfehlenswert sind drei großzügig bemessene »Fächer« von jeweils zwei Metern Länge nebeneinander (oder mehr, sofern die Gesamtgröße des Gartens das zulässt), die ein Umschichten erlauben. In einem Fach werden die aktuellen Küchen- und Gartenabfälle untergebracht, die beiden anderen gewähren dem Kompost in fortgeschrittenen Stadien der Umwandlung Platz. Es hat sich weiterhin als sinnvoll erwiesen, den freien Bereich davor zu pflastern und mit einer Mindestgröße zu versehen, die ein gutes Arbeiten mit der Schubkarre ermöglicht. Insgesamt wird deutlich zu viel Wirbel um das Thema Kompost gemacht und werden sogar Katalysatoren wie Kalkstickstoffe oder »eine Extraportion Regenwürmer« eingesetzt. Diese Unternehmen sind eher von gegenteiliger Wirkung und können die sich entwickelnden Verhältnisse der Bakterien und Kleintierlebewelt gehörig durcheinanderbringen. Einen Kompost muss man einfach mal vergessen können, und die Anlage darf durchaus schwerer verrottbare Bestandteile enthalten wie Pferdemist und Eichenlaub, um einen kräftigen, dunklen Boden zu erhalten. Zu viel Rasenabfall muss nicht sein und Mähgut darf ohnedies gern nach Sensen oder Mähen ohne Fangkorb an Ort und Stelle verbleiben. So kann sich die Kompostanlage schnell als zusätzlicher wertvoller Lebensraum erweisen, auf dem Gewöhnlicher Hohlzahn (*Galeopsis tetrahit*) und Lauchkraut wachsen, während sich Zymbelkraut (*Cymbalaria muralis*) und Mauerlattich eher zwischen den Mauerfugen ansiedeln.

Tagpfauenauge (*Inachis io*) auf Rotem Sonnenhut (*Echinacea purpurea*)

Übrigens: Nur schwer zu erklären ist, dass viele Besitzer *analoger Gärten* sich dagegen entscheiden, die Abfälle exotischer Früchte auf dem Kompost zu entsorgen mit der Begründung einer zu hohen Schadstoffbelastung, welche nach Kompostierung wieder auf dem Tisch landen würde, während sie dagegen bedenkenlos »Einweg-Pflanzen« vom Baumarkt im eigenen Garten ausbringen!

Als stilprägendes, das besondere Mikroklima beeinflussende Element des Bauerngartens offenbaren sich die *Miniaturhecken*, die typischerweise aus Buchsbaum (*Buxus sempervirens*) bestehen. Der Klassiker unter den Sträuchern, die es gerne warm haben, entpuppte sich bislang als pflegeleicht und willig, sich in sämtliche Formen trimmen zu lassen. Schnitt- und Leidensfähigkeit sowie seine einstmals weite Verbreitung im mittel- und südosteuropäischen Raum trieben seine Karriere voran, und Römer und Architekten der Gärten von Barock und Renaissance bedienten sich seiner. Doch im Zuge der Massenproduktion und Globalisierung, vielleicht auch schon der Klimaerwärmung hat der Buchs mit Krankheiten zu kämpfen. Hecken, Solitäre und Themen-Figuren, ganze Bestände altehrwürdiger Vertreter gehen dieser Tage ein. Spätestens seit der Gewissheit des durch Pilzbefall (*Cylindrocladium buxicola*) verursachten »Buchsbaumsterbens« ist es ein Gebot der Stunde, nach Alternativen zu suchen. Und das Gute daran ist: Es gibt sie!

Oben:
Nachwuchs bei der Eberraute (*Artemisia abrotanum*) – über Stecklinge gezogen und nun zunächst noch in den Töpfen

Unten:
Vier Leitern – selbst gebaut und in verschiedenen Längen

Grundsätzlich können aus den meisten Gehölzen und Halbsträuchern heckenartige Gebilde gezogen werden. Im Falle unseres Bauerngartens empfehlen sich Arten, die besonders niedrig gehalten werden können und dennoch verholzen wie die Eberraute (*Artemisia abrotanum*). Die Pflanze bietet bei filigranem Wuchs und blaugrüner Laubfarbe auch noch Zitronen-Kampfer-Duft, den sie bei leichtester Berührung verströmt, und ist damit eine hochattraktive Alternative zum Buchsbaum. Der für sie zu betreibende Pflegeaufwand ist mit wenigen Schnitten im Jahr eher gering; die Art zeigt sich als ausgesprochen winterhart, trockenresistent und leicht über Stecklinge zu vermehren; für die Küche erweisen sich sowohl ihre Ursprungsform als auch ihre verschiedenen Zuchtformen wie zum Beispiel 'Citrina' als

Oben:
Frauenmantel
(*Alchemilla*)

Unten:
Im Bauerngarten finden natürlich auch Zierformen Platz wie beispielsweise Rosen (*Rosa*) – aber nicht übertreiben ...

überaus reizvoll. Ihre Reihen können auf verschiedener Höhe gehalten und gern immer wieder unterbrochen werden von Fingerhut (*Digitalis*), Salbei oder Fetthenne (*Sedum*). Ebenso kann ein kleiner Findling das Bild auflockern helfen. Auch mit Blaubeere (*Vaccinium myrtillus*), Stechpalme (*Ilex aquifolium*), Eibe (*Taxus baccata*) oder Goldlack kann gearbeitet werden: Es muss nicht immer Buchsbaum sein!
Um Hecken anzulegen, bedarf es meist vieler Einzelpflanzen. Um diesen Prozess kostengünstig zu halten, empfiehlt sich die Vermehrung der gewünschten Pflanzenarten über Stecklinge und die Anlage eines oder mehrerer *Frühbeetkästen*. Diese sind einfach zu konstruieren. Selbst gebaute Natur-, Backstein- oder Holzkästen sind mit Fensterrahmen aus möglichst vielen Einzelfenstern (aus Gründen vereinfachter Reparatur) abzudecken. Ein mehrstufiger Keil ermöglicht die Einstellung einer verschieden hohen Belüftung der

Oben: Schnittlauch (*Allium schoenoprasum*) mit Distelfalter (*Vanessa cardui*) als Besucher

Unten: Krokusblüten (*Crocus*)

Kulturen. Eingebracht wird ein Erd-Sand-Gemisch im Verhältnis 1:1, nicht wie früher unter Beteiligung von Torf (dieser gehört ins Moor). Sonnen- und Schatteneinfluss können entweder durch direkt auf den Fenstern aufliegende Gaze beeinflusst werden, die auf- und abgerollt werden kann und etwa 25 Prozent der Sonneneinstrahlung nimmt. Gaze oder Segeltuch können nahe den Frühbeetkästen auch so aufgestellt werden, dass sie größtmöglichen Schatten spenden. Wichtig ist die richtige Bewässerung: Die Stecklinge dürfen weder Trockenheit noch Staunässe erleiden. Stecklingsvermehrung und Frühbeetkästen bestechen durch viele Vorteile: Das gewonnene »Material« besteht aus 100 Prozent eigener, kontrollierter Anzucht ohne Gift und Dünger; die Kostenersparnis; die Garantie für Sortenreinheit; das Erleben eines dynamischen Prozesses vom Stecklingeschneiden bis hin zum Heckenpflanzen und die Freude, die Pflanzen wachsen zu sehen.

Lebensraum Obstbaum – Hochstamm statt Zwergwuchs

Unlängst wurde die Befürchtung vom stummen Frühling widerlegt – er ist nun lauter denn je. Wenn mit zunehmendem Sonnenstand ein Apfelbaum (*Malus*) der Sorte 'Roter Boskoop' mit seinen fast einhundert Jahren noch in voller Blüte steht und einem Laden indischer Gewürze mit seiner Duftnote alle Ehre machen würde, so bildet er die Ausnahme. Denn seine Altersgenossen liegen in der Regel gefällt unterm Schuppendach – als Kaminholzreserve für schlechte Zeiten. Für Alt- und Totholz, widerspenstigen Heckenwuchs und Spontanvegetation im Garten haben diese schlechten Zeiten längst begonnen. Besonders im Frühjahr erklingen Motorsägen, elektrische Heckenscheren und Fugen-Hochdruckreiniger anstelle von Vogelgesang und Amphibienbalz – Geräte, die offenkundig besonders dem männlichen Spieltrieb entgegenkommen.

Oben: Lebensspende Kompost mit Admiral (*Vanessa atalanta*) an süßem Obst

Unten: Garten-Wollbiene (*Anthidium manicatum*) an Echtem Herzgespann (*Leonurus cardiaca*)

Obst und Beeren tragende Gehölze können ebenfalls einen wesentlichen Teil des Naturgartens stellen. Als Obstbäume empfehlen sich Hochstämme und regionale, alte Sorten. Solche Bäume bieten neben Wind-, Erosions- und Sonnenschutz weitere deutliche Vorteile gegenüber den modernen Zwergzuchtformen. Regionale Sorten sind oft über viele Jahrhunderte an die Verhältnisse angepasste Pflanzen (in analogen Gärten wird oft versucht, die Bodenverhältnisse an die eingeführten Wunschpflanzen anzupassen – mit hohem finanziellen Aufwand und zulasten der Umwelt). Die Vielfalt alter Obstsorten ist gewaltig. Sie unterscheiden sich in Reifezeit, Vitamingehalt, Geschmackserlebnis und daher auch Verwendungsmöglichkeiten. Es ist eben nicht egal, welchen Apfel man in der Küche verwendet. Für jeden Zweck gibt es zahlreiche Sorten: zum Beispiel 'Altländer Pfannkuchen' zum Backen, 'Filippas Apfel' für ein helles und besonders aromatisches Apfelmus, den 'Augustapfel' zum Direktverzehr, und kein Apfel eignet sich besser zum Lagern als der 'Rote Boskoop'. »An apple a day keeps the doctor away«, sagt ein englisches Sprichwort.

Oben:
Nur zwei von vielen alten Apfelbaumsorten (*Malus*): 'Filippas Apfel' (rechts) und 'Roter Boskoop' (links)

Unten:
Fuchsrote Sandbiene (*Andrena fulva*) an Stachelbeerblüte (*Ribes uva-crispa*)

Hochstamm-Obstbäume bieten aber noch viel mehr. Sie sind Lebensraum für Tiere, Pflanzen und Pilze. Wer an einem stillen Frühlingsabend in einen alten Kirschbaum (*Prunus avium*) lauscht, dem ertönen Hunderte Hummeln und andere Wildbienen bei der Nahrungssuche. Ein achtzigjähriger Baum der Sorte 'Schwarze Knubber' kann noch in einem halben Meter Höhe einen Umfang von über 1,50 Meter aufweisen – ein Anblick, den man heute kaum noch kennt. Etwa zehn Wochen später kann dieser im Ergebnis aus Insektentätigkeit und Wind 200 bis 250 Kilogramm Früchte tragen. Zahlreiche Menschen freut das, aber auch Vögel und Insekten. Jedoch kenne ich auch einen Baum, dessen Früchte die meisten Tiere verschmähen, obwohl sie für mich zu den besten der Welt gehören. Nur ein paar kleine Waldmäuse kann man dabei beobachten, wie sie die reifen Kirschen über die Äste balancieren, um sie zwischen den Dachpfannen des benachbarten Gartenhäuschens zu verstecken. Einmal hatte sich eine der Waldmäuse wohl etwas übernommen: Die Kirsche war einfach zu dick und passte unter keine Pfanne. Sie blieb immer wieder stecken und kullerte wiederholte Male in die Dachrinne zurück. Man sah die Maus für einen kurzen Moment nachdenklich, bis sie dann so viel von der Kirsche abbiss, dass der Rest problemlos zu verstauen ging. Ein anderes Mal hatten sich die Besitzer des Grundstückes, auf dem der Kirschbaum steht, entschlossen, seine Früchte in Alkohol einzulegen ... Als ein Jahr später die Früchte auf dem Komposthaufen landeten, ahnten die Besitzer noch nichts Böses. Doch am nächsten Morgen lagen zwei volltrunkene Igel an besagtem Haufen. Sie brauchten einen ganzen Tag, um ihren Rausch auszuschlafen.

Alte Hochstamm-Obstbäume sind voller Leben. Wicklerraupen seilen sich still von ihren Zweigen ab, Falter im Tarnkleid

Links und rechts:
Ein 80-jähriger Kirschbaum (*Prunus avium*), wie die alte Sorte 'Schwarze Knubber' hat oft deutlich jüngere Liebhaber

schmiegen sich eng an ihre Rinde, Schnirkelschnecken (*Helicidae*) haften ihren Stämmen an und erwarten zurückgezogen die kühle Feuchte der anbrechenden Nacht. Am Fuß treibt gern der Sparrige Schüppling (*Pholiota squarrosa*) seine markanten Fruchtkörper aus – bislang ein kulinarischer Geheimtipp. Frühere *Streuobstbestände* wiesen Specht- und Faulhöhlen im knorrigen Holz auf, die von Steinkauz (*Athene noctua*), Siebenschläfer (*Glis glis*) und Baumhummel (*Bombus hypnorum*) bewohnt wurden – um nur die prominentesten unter den zahlreichen Nutznießern zu nennen. Auf den Ästen kann man schuppige, flache Gebilde entdecken – es handelt sich um Flechten, Lebensgemeinschaften aus Alge (also einer Pflanze) und einem Pilz. Unter anderem kann man an ihrem Vorkommen die Luftqualität ablesen.

Dicke Harztropfen bilden sich an den Wundstellen von Pflaumen- und Kirschbäumen und erinnern an die Bernsteinbildung in früheren Zeiten. Faulstellen auf waagerechten Ästen können Tränken für Vögel bilden, um die sich Farne und Moose ansiedeln. Der ökologische Wert der Bäume steigt mit ihrem Alter – und Hochstämme können ein langes Leben haben. Wenngleich auch nicht jedes Jahr die Ernte gleich gut ausfällt, so ist es doch ein weitverbreitetes Gerücht, dass Früchte aus dem ökologischen Anbau schrumpelig und schorfig sind – dem ist mitnichten so.

Alte Sorten neu belebt

Neben den vier Haupt-Obstbaumarten (Apfel, Birne, Kirsche und Pflaume) in deutschen Gärten, die Hunderte von alten Sorten zur Auswahl stellen, und vielen weiteren Nutzhölzern wie Quitte (*Cydonia oblonga*), Walnuss (*Juglans regia*) und Deutsche Mispel (*Mespilus germanica*) sowie zahlreichen Beerensträuchern bieten besonders Gemüsearten und -sorten Möglichkeiten zur Selbstversorgung. Eine gesunde Mischung aus Zucht- und Wildgemüse gehört in den Bauerngarten beziehungsweise Naturgarten als fester Bestandteil. Im Besonderen die Förderung alter Sorten und die Nutzung vor Ort angebauter Kulturen ist hierbei – aus Gründen menschlicher Ernährung und Gesundheit, der Ökologie und Nachhaltigkeit – wesentlich sinnvoller als Importe aus Südeuropa, Afrika und Übersee. Auffällig ist die Verarmung der Küche in vielen Regionen Deutschlands einerseits und die Vereinheitlichung zuvor regionaler Unterschiede andererseits. Dabei sind die Regeln, Vielfalt in Garten und Küche zu bringen, denkbar einfach und effizient: Genutzt werden sollte vor allem, was die jeweilige Jahreszeit natürlicherweise hergibt – wertvolle Inhaltsstoffe und guter Geschmack sind einige weitere gute Argumente dafür. Während Feldsalat (*Valerianella*) und Grünkohl (*Brassica oleracea* var. *sabellica*) beispielsweise Gemüse für die späte Jahreszeit sind, sollte Rhabarber nur bis Juni genutzt werden und Liebstöckel (*Levisticum officinale*) überhaupt nicht wegen der Anreicherung unverträglicher Stoffe. Interessant kann es sein, sich auf den eigenwilligen Rhythmus des Echten Kerbels, der auch Gartenkerbel genannt wird, übers Jahr einzustellen oder frostempfindliche Arten im Freiland über den Winter zu bringen.

Über alle Arten und Sorten und ihre Anwendungsmöglichkeiten zu berichten ist hier nicht der Platz – das wäre ein eigenes Buch. Gerade in Zeiten des Internets aber ist es einfacher denn je, sich reichlich mit Informationen zu versorgen. Es existieren mittlerweile wieder viele Privatliebhaber, die sich um den Erhalt alter Sorten bemühen, diese züchten und auch gerne Saat verschicken. Am Ende dieses Buches sind einige wertvolle Adressen aufgeführt. Und selbstverständlich kann man sich auch in modernen Zeiten traditionell einem Thema nähern, indem man sich ein passendes Buch hierzu anschafft. Wesentlich entscheidender als jeder Gartenratgeber ist jedoch ein Buch zur Vegetationskunde, damit man die tatsächlichen Zusammenhänge zwischen Pflanze und Standort sowie das Verhältnis der Pflanzen untereinander verstehen lernt! Auch hierzu ist am Ende dieses Werkes weitere Literatur exemplarisch aufgeführt.

Rechts: Streifenwanze (*Graphosoma lineatum*) an Pastinak (*Pastinaca sativa*)

Links: Fenchel (*Foeniculum vulgare*) und Roter Sonnenhut (*Echinacea purpurea*)

LEBENS-RÄUME – LEBENS-TRÄUME

Beginnen ist Stärke, vollenden können ist Kraft.
JOHANN WOLFGANG VON GOETHE

Selbst der Kleinste vermag den Lauf des Schicksals zu verändern.
PETER JACKSON, NACH J.R.R. TOLKIEN

Die meisten Menschen legen ihre Kindheit ab wie einen alten Hut. Sie vergessen sie wie eine Telefonnummer, die nicht mehr gilt. Früher waren sie Kinder, dann wurden sie Erwachsene, aber was sind sie nun? Nur wer erwachsen wird und ein Kind bleibt, ist ein Mensch.
ERICH KÄSTNER

Aus Sicht von Kindern und Wildbienen

»Den Tipp eines Kollegen aus der Anfangszeit meiner Berufserfahrung, bei Neubeginn eines Projektes erst einmal in die Hocke zu gehen, um die Perspektive eines Kleinkindes einzunehmen, versuche ich seither zu beherzigen«, sagt Gabriele HOMBURG, heute selbst angesehene Landschaftsarchitektin aus Dortmund. Dahinter steckt bereits ein guter Ansatz, wenngleich Kinder nicht nur über eine andere Höhe verfügen als Erwachsene, sondern auch über einen anderen Intellekt und eine andere Sozialität. Würde man Kinder im Vorschulalter nach ihren Wunschvorstellungen eines Gartens befragen, würden die meisten Antworten »viel Sand«, »Gebüsch zum Verstecken« und »Obst zum Reinbeißen« beinhalten. Blumen mit Zierblüten würden so gut wie gar nicht auftauchen.

In dieser Wunschvorstellung würden sich wohl Kinder und Wildbienen unterscheiden, könnte man auch diese befragen – ansonsten jedoch ähnelten ihre Antworten einander, auch wenn es nicht *das* Kind und *die* Wildbiene gibt.

Kinder stimmen in ihren Idealen deutlich eher mit Wildbienen überein als mit Erwachsenen. Wildbienen schwärmen für die Blüten, Kinder für das Obst, das aus ihnen mit Hilfe der Insekten hervorgeht. Kinder schaffen mit ihren Aktivitäten Ruderalstellen im Garten, die nicht zuletzt von Wildbienen genutzt werden – ein Blick in die Sandkiste genügt, um festzustellen, welche Bewohner es unter den Sandbienen dort gibt. Im Übrigen halten beide Gruppen – Kinder und Wildbienen – deutlich mehr vom Gemisch aus Nutz- und Wildgarten als vom modernen Ziergarten, der mit Kurzrasen, mit Zuchtpflanzen angefüllten Beeten und sterilen Hecken exotischer Abstammung daherkommt

Endlich: ein Haus aus Lehm und Reet!

– doch genau daraus bestehen die meisten Gartenanlagen heute. Offenbar wurden weder Kinder noch Wildbienen dazu befragt oder wenigstens versucht, auch nur ansatzweise ihre Perspektive einzunehmen. »Zum Spielen im Freien brauchen Kinder aber ein Umfeld, in dem sie die Welt erfahren können, ein Umfeld, das Platz bietet für ihren Bewegungsdrang, für Rollenspiele, Forscherdrang und kreatives Spiel«, so Gabriele Homburg. »Kinder brauchen Materialien, die formbar oder veränderbar sind (Holz, Ton, Sand ...), die unterschiedliche Oberflächen haben (Stein, Holz, Metall ...), an denen sich Elemente und Jahreszeiten (Wärme, Kälte, Hitze, Wasser, Schnee, Eis ...) sowie Schwerkraft und Statik widerspiegeln.«

Oben:
»Wäschespinne« – erfolgreiche Jagd im Kleinen an der Wäscheleine: Krabbenspinne (*Thomisidae*) erbeutet Wespe (*Vespula*)

Unten:
Ein Teddy zum Trocknen – noch etwas feucht hinter den Ohren

Naturgarten als Weg – Eine Gegenüberstellung

Es ist wenig nachhaltig gedacht und gehandelt, den Eingriff in geschützte Lebensräume unter Strafe zu stellen, nicht aber die Verhinderung ihrer Entwicklung von Anbeginn!

Versuchen wir uns einmal für einen Moment in die Köpfe von Kindern und Wildbienen hineinzuversetzen bei der Begehung eines beispielhaften Gartens. Bereits im Vorgarten tauchen große Unterschiede zum herkömmlichen Garten der Erwachsenen auf: Eine bunte Sommerwiese wirkt einladend, nicht abweisend wie die sterilen immergrünen Zwerggehölze, die, streng auf Form geschnitten, wie grimmige Pförtner wirken. Kinder und Wildbienen holen sich hier einen ersten Geschmack auf die Artenvielfalt. Die Wiese links und rechts des Weges ist Blickfang und angefüllt mit den Doldenblüten von Wilder Möhre und Pastinak (*Pastinaca sativa*), während die Wiesen-Margeriten (*Leucanthemum vulgare* agg.) und Blauen Lupinen bereits in Saat stehen. Der Weg durch sie hindurch weist eine Deckschicht aus weichem Sandstein mit einem zweiprozentigen Linsengefälle auf, das heißt der Weg fällt zu seinen Rändern hin ab. Oregano und Thymian, Berg-Bohnen- (*Satureja montana*) und Echtes Johanniskraut (*Hypericum perforatum*) lugen aus den Fugen des Belages hervor, einige kleine Findlinge begleiten den Weg bei einem leichten Richtungswechsel. Der Sandstein ist auf eine Tragschicht aus Sand (10 Zentimeter stark) und eine Frostschutzschicht aus Kiessand (20 Zentimeter stark) gesetzt. Dabei wurden die Schichten mit einer Rüttelplatte verdichtet. Hecken aus Johannis- (*Ribes*) und Stachelbeersträuchern (*Ribes uva-crispa*) unterschiedlicher Sorten führen ums Haus. Besonders Stachelbeersträucher stellen eine lebensnotwendige Nahrungsgabe für

Überwachsene Pergola mit Berg-Waldrebe (*Clematis montana* 'Rubens') und Wolligem Schneeball (*Viburnum lantana*) in rosa und weißer Blüte sowie zahlreichen weiteren Arten wie Hasel (*Corylus avellana*), Hopfen (*Humulus lupulus*), Linde (*Tilia*) und Rote Heckenkirsche (*Lonicera xylosteum*)

Fremdländische Gehölze wie Spiersträucher (*Spiraea*) bieten nur vermeintlich etwas für das menschliche Auge, aber in Wirklichkeit nichts für die Artenvielfalt.

Der Weg ist das Ziel.
Lao Tse

Wildbienen wie die Fuchsrote Sandbiene (*Andrena fulva*) im zeitigen Frühjahr (»Nektarhecken«) – und die Früchte als Resultat ihrer Besuche sind gesund für Kinder. Die Terrasse, nach Süden ausgerichtet, bleibt mit ihrem Belag dem Sandstein-Thema treu. Hochbeete aus hellem Granit umsäumen den Ort der Entspannung, von Walderdbeeren erobert. Zu den aromatisch duftenden Kräutern, die uns bereits im Vorgarten begegnet sind, gesellen sich jetzt Schnittlauch (*Allium schoenoprasum*) und Petersilie (*Petroselinum crispum*), Basilikum (*Ocimum basilicum*) und Salbei-Sorten hinzu. Bei vielen Wildbienen sind besonders die Sommerblüher gefragt wie Weinraute (*Ruta graveolens*) und Echter Lavendel (*Lavandula angustifolia*), Zitronenmelisse, Färberkamille, Wilde Karde, Echtes Herzgespann, Greiskräuter (*Senecio*) und Reseden (*Reseda*), die hier nah am Haus stehen. Lücken im Mauerwerk nutzen die Mauer-, Pelz- und Trauerbienen (*Melecta*) zur Versorgung ihrer Brut. Der Rasenbestand im mittleren Teil des Gartens weist alle Übergänge vom Kurzrasen (als Spielwiese) über den ungemähten Wiesensaum aus verschiedenen Wildstauden wie Weidenröschen und Himbeeren (als Erlebnisraum) bis hin zum abschließenden Heckenzug aus einheimischen Gehölzen wie Hasel und Liguster auf. Im schattigsten Winkel befindet sich die Sandkiste für Kleinkinder, vor der Sonne geschützt. Sandbienen und Grabwespen (*Spheciformes*) siedeln in den reich besonnten Nachbarräumen.

Einige straff geschnittene Gehölze wie Eberraute und Buchsbaum weisen als Vorposten auf den nachfolgenden Bauerngarten hin, in dem Liebstöckel, Rhabarber und Wildkohl (*Brassica oleracea*) in Blüte stehen. Niedrige Hecken aus Feldahorn (*Acer campestre*) und Berberitze fassen verschiedene Beete ein, und wiederverwendete Tonziegel bilden eine Mauer. Die schmalen Wege bestehen aus einem Lehm-Sand-Splitt-Gemisch in der Deckschicht. Darunter wurde der Boden großzügig ausgekoffert und mit Sand verfüllt. Die einzelnen Beete sind mit hellem Granit eingefasst wie die Terrasse und gefüllt mit verschiedenen Wildpflanzen- und typischen Bauerngartenarten wie Roter Sonnenhut (*Echinacea purpurea*), Dreimasterblume (*Tradescantia*) und Mutterkraut (*Tanacetum parthenium*). Die abgestorbenen Staudenstängel verbleiben hier bis zum nächsten Sommer und bieten verschiedenen Bienenarten Brutraum. Kompostanlage und Frühbeetkästen flankieren den Bauerngarten gut sichtbar als wesentliche Bestandteile der Gartenidee.

Auf dem gesamten Grundstück gibt es alte Obstgehölze noch älterer und regionaler Sorten. Die große Wiese mit dem kleinen Teich schließt das Grundstück ab. Wall-Hecken aus einigen höheren Gehölzen wie Wild- oder Holzbirnen (*Pyrus pyraster*) und Salweiden (*Salix caprea*) verdecken die Grundstücksgrenze. Wildrosen und Brombeeren säumen den sonnigen Rand davor. Einige Solitärgehölze wie Purgier-Kreuzdorn (*Rhamnus cathartica*) und Wolliger Schneeball (*Viburnum lantana*) stehen auf der Wiese verteilt. Auf den Nachbargrundstücken aber weiß man nichts von einheimischen Pflanzenarten oder welche Artenfülle Schlehdorn und Eiche mit sich bringen. Allein 126 Schmetterlingsarten wurden gezählt, die sich entweder als Falter oder als Raupe (oder beides) von der Schlehe ernähren. Der viel zu häufige Mährhythmus lässt das Überleben nur weniger Tier- und Pflanzenarten zu; Düngung und Begiftung tun ihr Übriges. Gerade aber für Kinder und Wildbienen sind Naturgärten unabdingbar und erlauben ein gesundes Aufwachsen. Doch: Einige Zwerge übereinandergestellt reichen oft schon aus, um einen Riesen zu überragen …

Nisthilfen – Wahrnehmungshilfen

Das Erleben in einem Naturgarten kann aber durchaus noch eine weitere Steigerung erfahren. An besonderem, sonnenexponiertem Standort im Garten stehen Holzpfosten zu einem Rahmen zusammengefügt – unbehandelt und ausschließlich mit Holzdübeln verbunden wie die gesamte Konstruktion. Die Rückwand besteht aus Brettern mit rauer Oberfläche. In den Rahmen eingefügt sind kräftigere Bretter, die das drei Meter breite und knapp zwei Meter hohe Bauwerk vertikal und horizontal unterteilen und wie einen übergroßen Mosaik-Setzkasten erscheinen lassen. In die einzelnen Fächer eingelassen sind Lehm- und Hartholzblöcke, die zahlreiche Bohrlöcher unterschiedlicher Durchmesser aufweisen (drei, vier und fünf Millimeter), dann Schilfrohr und andere dicke Pflanzenstängel, sowohl hohle als auch mit Mark gefüllte, außerdem ein Fach mit knorrigen Weinstöcken. Die Außenpfosten aus Lärchenholz stehen in einem Fundament aus groben Bruchsteinen und Sand. Ein besonderer Kasten aus Holzbeton besitzt eine hölzerne Ansichtsfläche, deren Bohrungen in entsprechend schmale Plexiglasröhrchen münden, am hinteren Ende im Kasten verschlossen mit einem Schaumstoffpfropfen. Die Platte ist abnehmbar, so dass dieser Spezialkasten die Möglichkeit für Kinder und Erwachsene bietet, die Brutpflegeaktivität der Wildbienen hautnah mitzuerleben. An einem warmen Frühlingstag können dort mehrere hundert Männer der Rostroten Mauerbiene (*Osmia bicornis*), die vor dem Bienenhaus in Erwartung des Schlupfes des weiblichen Geschlechts

Links:
Wildbienenhaus

Oben rechts:
Rostrote Mauerbienenfrau (*Osmia bicornis*) beim Verschließen der Brutröhre

Mitte rechts:
Transparente Brutröhren von der Rückseite der Ansichtsfläche eines Nistkastens verschaffen eine gute Beobachtungsmöglichkeit – die kräftig-gelbe Farbe des Nahrungsvorrates in den einzelnen Brutkammern rührt vom Pollen des Jakobs-Greiskrautes (*Senecio jacobaea*) und der Färberkamille her, eingetragen von der Löcherbiene (*Osmia truncorum*).

Unten rechts:
Löcherbiene (*Osmia truncorum*) auf Jakobs-Greiskraut (*Senecio jacobaea*) mit Pollen an der Bauchbürste

schwärmen, Fluggeräusche erzeugen, die noch aus mehreren Metern Entfernung selbst für das menschliche Ohr wahrzunehmen sind.

Ein Wildbienenhaus ist jedoch eine Sache, die Bevorzugung (überwiegend oder ausschließlich) einheimischer Pflanzen, natürlicher Strukturen, wassergebundener Wegedecken und einfacher Trampelpfade ohne Einfassung, der Verzicht auf das komplette Abräumen von Laub und oberirdischen Staudenteilen im Herbst sowie auf Spritzmittel (besonders auch auf den Plattenwegen und Terrassen) oder das Gewähren stehenden, trockenen Holzes eine andere und wichtigere. Aber Nisthilfen für Vögel und Insekten können Wahrnehmungshilfen sein – und damit Lernhilfen. Eine weitere Wahrnehmungshilfe kann auch die begleitende digitale Fotoarbeit sein. Sie kann auf dem Weg zur gehobenen Planung der Harmonie von Farben und Strukturen als gestalterisches Hilfsmaß wirken und Auskunft darüber geben, welcher Blühaspekt wohin passt. Und Wahrnehmungshilfe kann außerdem die Kenntnis von den Abhängigkeiten zwischen einheimischen Arten sein: Pflanzen wir Wollziest, können wir dort die Garten-Wollbiene (*Anthidium manicatum*) erwarten; wir lernen, dass die Reseden-Maskenbiene (*Hylaeus signatus*) ausschließlich Reseden als Nahrungspflanzen anfliegt; erhalten wir trockene Brombeerstängel, nistet dort die Blaue Keulhornbiene (*Ceratina cyanea*) und so weiter. Ein reiches Wildbienenvorkommen kann als Maßstab für die Gesundheit unseres Gartens gelten – falsch verstandene Ordnungsliebe hat unsere Gärten in der Vergangenheit weitgehend leergefegt.

Erwachsene können von Kindern lernen, sich vollständig von Begriffen wie »schädlich« und »nützlich« zu lösen – denn sonst wird ihnen die tiefe Einsicht in Zusammenhänge verschlossen bleiben. Erinnern wir uns unserer eigenen Kindheit, so stellen wir fest, dass alles einfach nur interessant war – und so sollte es ganz einfach bleiben: Lausbefall kann auch schön und interessant sein und eine Rasenfläche darf sich gern im Sommer in ein Grau-Braun wandeln – das ändert sich wieder. Aufgeräumt werden muss allerdings mit dem Grundsatz, man könne nur schützen, was man kennt und wissenschaftlich korrekt erfasst ist – denn die wenigsten Arten sind bis heute bekannt, und wir können unmöglich so lange warten, bis wir dieses geändert haben. Welche Folgen das rasante Artensterben für den Menschen selbst hat, kann niemand abschätzen. Daher bedarf alles Leben – nicht zuletzt aus eigenem Interesse – unseres vollen Schutzes.

Einen wesentlichen Beitrag dazu können *Naturgärten* leisten, die wir fortan wieder *Gärten* nennen wollen –

Oben: Die Anbringung von größeren Brutkästen für Vögel, Säugetiere und Insekten im Dachbereich sollte mit dem Schornsteinfeger abgestimmt werden (der eventuell auch gern dabei behilflich ist).

Links: Tannenmeise (*Periparus ater*) bei Begutachtung des Holzklompens

denn welche Form sonst könnte Gültigkeit haben? Welche Form sonst böte uns die begrenzte und doch zeitlose Komposition aus dem honigsüßen Duft des Jakobs-Greiskrautes, dem hochsommerlichen Gesang des Großen Heupferdes (*Tettigonia viridissima*) und dem Anblick der Wilde-Karde-Körbchen?

Der zukünftig richtige und verantwortungsbewusste Umgang mit unseren Gärten machte alle Naturschutzgebiete und Gärtnereien vom herkömmlichen Typ überflüssig. Bislang aber werden Gärten als Zweigstelle von Discountunternehmen und Baumärkten missbraucht, so scheint es, in der möglichst viele Angebotskäufe unterzubringen sind. Für Kinder beginnt oft schon die falsche Idealsetzung, wenn sie an den Händen der Großeltern die Technik der Geräte von »Baumchirurgen« von eben jenen Großeltern voller Faszination erklärt bekommen und nicht den Baum an sich und seine Leiden durch eben jene Baumchirurgen … Aus Kindern werden unvermeidlich Erwachsene, mit denen falsche Ideale wachsen können, die die Kluft zwischen Natur und Mensch verschärfen helfen. Kindern und Wildbienen ist im selben Maße anstelle des Mottos »Zurück zur Natur!« der fortwährende, zukunftsweisende »Mut zur Wildnis!« bereits jetziger Generationen Erwachsener zu wünschen – für die Erfüllung aller ihrer »Wilden Lebensträume«!

Alles, was gegen Natur ist, hat auf Dauer keinen Bestand.

Charles Darwin

Im Garten für Kinder und Wildbienen

»Der Surfer« – Hauhechel-Bläuling (*Polyommatus icarus*)

LINKS UND LITERATUR

Für all diejenigen, die Interesse haben, sich über das beschriebene Thema und seine Teilgebiete mehr Informationen zuzuführen, sind an dieser Stelle folgende Links und Literatur zusammengetragen (lesenswerte Themenschwerpunkte sind in Klammern gesetzt):

www.alte-obstsorten.de
www.baumkunde.de
www.bio-gaertner.de
www.biothemen.de (Heilpflanzen, Indianerküche)
www.biozac.de (»Karlsgarten«)
www.boomgarden.de (Alte Obstbaumsorten)
www.dachdecker.de (Dachbegrünung)
www.ellerhoop.de (Arboretum)
www.essbare-landschaften.de
www.floraweb.de (BfN-Seite)
www.garten.cz (Gehölze)
www.gartenteichsicherheit.de
www.gartenwelt-natur.de (Lebensraum »Sandige Böden«)
www.gehoelze.ch
www.gymnasium-himmelsthuer.de (Biotop Hecke)
www.hamburger-umweltzentrum.de
www.hansegrand.de (Wegebau)
www.herbaversum.de
www.hradetzkys.de (Bauerngärten)
www.hummelfreund.com
www.hydro-kosmos.de
www.lehmdiscount.de
www.museumsdorf-volksdorf.de
www.naturgarten.org
www.naturspaziergang.de (Wildkräuter)
www.schulgarten.ch (Vor- und Nachteile von Hoch- und Niederstammbäumen)
www.schwimmteich-selbstbau.de
www.shs-tischtennis.de (Vermehrung Wildrosen)
www.the-stork-foundation.de (Naturschutz-Stiftung)
www.thorbecke.de (Verlag)
www.tomaten.de
www.tuebingen.de (Trockenmauern)
www.waldwissen.de (Wildbirne)
www.wildbienen.info
www.wolf-deutschland.de (Autor)

BRANDT, E. (2008): Mein großes Apfelbuch: Alte Apfelsorten neu entdeckt. – 3. Aufl. München: Bassermann.
CHINERY, M. (1993): Pareys Buch der Insekten. – 2. Aufl. / übers. u. bearb. von I. JUNG u. D. JUNG. Hamburg, Berlin: Parey.
DARWIN, C. (1859): On the Origin of Species by Means of Natural Selection, or the Preservation of Favoured Races in the Struggle for Life. London: John Murray, Albemarle Street.
DIE BIBEL ODER DIE GANZE HEILIGE SCHRIFT DES ALTEN UND NEUEN TESTAMENTS (1970). Nach der deutschen Übers. M. LUTHERS. Stuttgart: Württembergische Bibelanstalt.
DUDEK, M. (1990): Standortuntersuchungen bei Gehegehaltung von Wolfshybriden an der Haustierbiologischen Station Wolfswinkel (NRW), Eberhard Trumler. Praxissemester-Bericht, Studiengang Landespflege, Lehrgebiet Tierökologie an der Uni-GH Paderborn, Abt. Höxter, 61 pp.
DUDEK, M. (2000): Netz mit Notausgang: Garnelenbeifang. Hamburger Abendblatt (58), Umwelt, 11.
DUDEK, M. (2009): Neue Wildnis Deutschland. Wolf, Luchs und Biber kehren zurück. Ostfildern: Jan Thorbecke.
EBERT, G., u. E. RENNWALD (Hrsg., 1991): Die Schmetterlinge Baden-Württembergs. Stuttgart: Ulmer.
GÖRNER, M. u. H. HACKETHAL (1988): Säugetiere Europas. München: dtv.
HEINZEL, H. ET AL. (1988): Pareys Vogelbuch. – 5. Aufl., unveränd. Nachdr. d. 4. Aufl. / übers. u. bearb. von G. NIETHAMMER u. H. E. WOLTERS. Hamburg, Berlin: Parey.
OBERDORFER, E. ET AL. (1983): Pflanzensoziologische Exkursionsflora. – 5., überarb. u. erg. Aufl. Stuttgart: Ulmer.
PIETSCH, R. (1968): Der künstliche Standort und der Pflanzenbestand der Fußballplätze. In: TÜXEN, R. (Hrsg.): Pflanzensoziologie und Landschaftsökologie (Ber. Symp. Intern. Vereinig. Veget.kd. 1963, Stolzenau/W.), 336–347. Den Haag.
POPPENDIECK, H.-H. ET AL. (Hrsg., 2010): Der Hamburger Pflanzenatlas: Von A bis Z. München: Dölling und Galitz.
SCHAUER, T. u. C. CASPARI (1989): Der große BLV Pflanzenführer. – 5., durchges. Aufl. München: BLV.
SCHMEIL, O. u. J. FITSCHEN (1982): Flora von Deutschland und seinen angrenzenden Gebieten. – 87., völlig überarb. u. erw. Aufl. / von W. RAUH u. K. SENGHAS. Heidelberg: Quelle und Meyer.

SCHWARZ, U. (1980): Der Naturgarten. 6. Aufl. Frankfurt: Krüger.
WESTRICH, P. (1989, 1990): Die Wildbienen Baden-Württembergs. – 2., verb. Aufl. Stuttgart: Ulmer.

RECHTLICHE HINWEISE UND HAFTUNGSAUSSCHLUSS

Für den Inhalt der hier aufgeführten Internetseiten und Literatur sind Autor und Verlag nicht verantwortlich und machen sich diese nicht zu eigen. Es wird keinerlei Gewähr für die Aktualität, Vollständigkeit oder Qualität der bereitgestellten Informationen auf diesen Seiten übernommen. Haftungsansprüche, welche sich auf Schäden materieller oder ideeller Art beziehen, die durch die Nutzung oder Nichtnutzung der dargebotenen Informationen bzw. durch die Nutzung fehlerhafter und unvollständiger Informationen verursacht wurden, sind grundsätzlich ausgeschlossen.

Die große Jägerin (*Felis*) entspannt sich

DANKSAGUNG

Dass dieses Buch nicht ohne fremde Hilfe entstehen konnte, sieht man besonders deutlich an den Bildern. Auf ihnen sieht man Menschen, die mir im Laufe der Arbeit am Buch ans Herz gewachsen sind. Jeder einzelne von ihnen trägt sehr zum großen Verständnis der Sache bei. Nicht, dass die Blüte einer Wildpflanze zu wenig Zauber hätte, ihren Betrachter in den Bann zu ziehen – da aber Autor und Leser selbst Menschen sind, hilft es oftmals sehr, die Materie über ein zusätzliches Model zwischen ihnen zu vermitteln. Denn natürlich haben wir noch mehr Freude an einer bunten Sommerwiese, wenn ein kleines Kind durch sie hindurchläuft oder eine bezaubernde Frau eine Blüte präsentiert – selbst schon fast blütenhaft. So sei an dieser Stelle diesen menschlichen Rosen gedankt: HEIKE A., HEIKE P., JOSEPHINE, MALYN, MICKY, RONJA, SARA und TANJA.

Für dieses Buch stellten mir weitere interessante Aufnahmen zur Verfügung: MONIKA KIRK, LAURA KOBIELSKI, OLAF MÜLLER und GUIDO ROSCHLAUB. Aufschlussreiche Beratung erfolgte durch ARNO DORMELS, SATINA ENGELS, WALTER FUSS, GABRIELE HOMBURG, GERHARD MAHN, STEFAN PALLASKE, JAKOB PARZEFALL, HANS-HELMUT POPPENDIECK, GUIDO ROSCHLAUB und PAUL WESTRICH.

Des Weiteren sei ausdrücklich den Institutionen gedankt, die mir Gastfreundschaft und damit ihr volles Vertrauen gewährten: ARBORETUM ELLERHOOP-THIENSEN in persona HANS-DIETER WARDA, THE STORK FOUNDATION in persona HARTMUT HECKENROTH sowie RAINER REISCHUCK.

Der JAN THORBECKE VERLAG gab mir die Möglichkeit, das Thema zu veröffentlichen, welches mir seit 30 Jahren »wie gute Gartenerde« unter den Nägeln brennt; im Besonderen sei hier JANINA DROSTEL herausgestellt, die mir eine wunderbare Ansprechpartnerin ist. Nicht unerwähnt darf mein Dank bleiben an alle Wildbienen, Schmetterlinge und die vielen anderen Bewohner der Gärten – die mich stets aufs Neue faszinieren und mich eng am Thema halten. Um mit Heinz Erhardt vorerst abzuschließen:

Bienen! Immen! Sumseriche!
Wer sich je mit euch vergliche,
der verdient, daß man ihn töte!
Daß zumindest er erröte!
…

BILDNACHWEIS

DUDEK, MICHA: 12, 14, 15, 16, 18, 19, 21 (beide), 22, 24, 28, 31, 34, 35, 36, 41, 42, 44, 46, 47, 48, 50 oben und unten, 51, 55 links, 56, 57, 58, 64, 66, 68, 69, 71, 72, 73 oben, 74, 76, 78, 79, 81, 82, 84, 92 oben und unten, 95 oben und unten, 96 oben links und rechts, 97 links und rechts, 99, 103 oben und unten, 104, 105, 107 oben, Mitte und unten, 108 links, 109, 111

DUDEK, MICHA mit Genehmigung durch ARBORETUM ELLERHOOP-THIENSEN: 2, 7, 8, 60, 62 links und rechts, 63 oben und unten, 67, 80, 90, 91, 98

DUDEK, MICHA mit Genehmigung durch FAMILIE HOGELÜCHT: 102

DUDEK, MICHA mit Genehmigung durch FAMILIE REISCHUCK: 5

DUDEK, MICHA mit Genehmigung durch THE STORK FOUNDATION: 88, 93 unten, 94 oben, 106

DUDEK, MICHA mit Genehmigung durch HARTMUT VOIGT: 108 oben

KIRK, MONIKA: 93 oben, 94 unten

KOBIELSKI, LAURA: 11, 40

MÜLLER, OLAF: 100

PANKOW, HEIKE: 55 rechts

ROSCHLAUB, GUIDO: 26, 27, 32, 33, 37, 39, 59, 65, 73 unten, 77, 85 oben und unten, 86, 87, 96 unten, 110, 112

Autor und Verlag danken allen Rechteinhabern für die freundliche Genehmigung zum Nachdruck.

TEXTNACHWEIS

Josef Weinheber: An einen Schmetterling © Otto Müller Verlag, Salzburg: S. 29;
Das große Heinz Erhardt Buch, 2009, Lappan Verlag Oldenburg: S. 33, 62, 111;
Horst Stern, aus: Schwarz, U. (1980): Der Naturgarten, Frankfurt: Krüger: S. 61;
Erich Kästner © Atrium Verlag, Zürich und Thomas Kästner: S. 101;

Kleiner Feuerfalter
(*Lycaena phlaeas*)